战略经济论

杨中强/著

STRATEGIC
ECONOMIC
THEORY

经济日报出版社

图书在版编目（CIP）数据

战略经济论 / 杨中强著. --北京：经济日报出版社，2017.4

ISBN 978-7-5196-0127-0

Ⅰ. ①战… Ⅱ. ①杨… Ⅲ. ①经济战略-研究 Ⅳ. ①F110

中国版本图书馆 CIP 数据核字（2017）第 085265 号

战略经济论

作　　者	杨中强
责任编辑	晏杰然
责任校对	薛银涛
出版发行	经济日报出版社
地　　址	北京市西城区白纸坊东街 2 号（邮政编码：100054）
电　　话	010-63567683（编辑部） 010-63588446　63567692（发行部）
网　　址	www.edpbook.com.cn
E-mail	edpbook@126.com
经　　销	全国新华书店
印　　刷	北京鑫瑞兴印刷有限公司
开　　本	710×1000 毫米　1/16
印　　张	13.25
字　　数	200 千字
版　　次	2017 年 5 月第一版
印　　次	2017 年 5 月第一次印刷
书　　号	ISBN 978-7-5196-0127-0
定　　价	48.00 元

序 言

“战略”本是军事用语，意指为克敌制胜的总体方略，用以指导各个战役的战术与作战方案。后人逐渐把“战略”一词移用于经济、社会及其他领域，称“经济发展战略”“社会发展战略”等等，其含义大体类似，本书把这个词的表达和含义又做了一个颠倒，成为“战略经济”。因此，“战略经济”是一个新颖的提法，它既不同于平常所称的“经济战略”，又有别于企业管理中的“战略管理”，它是以全球化的视角研究世界各国为获得经济竞争优势，通过国际分工获得有利分配地位，通过国际投资与贸易获得经济利益而制定一系列“经济战略”的新学科。研究范围主要聚焦在国内分配、国内投资、国际分配与国际投资领域，连接国内与国际经济的桥梁是货币和汇率。国家可以通过投资与分配的转移来实现战略意图。

进入 21 世纪，以美国为首的西方发达国家加快推进“经济全球化”进程，我国也重新加入世界贸易组织，国家间的经济往来无论广度还是数量都达到前所未有的高度，国内经济现象与国际经济现象相关性越来越强。国家内部的经济发展面临着来自国际的压力和挑战。发达国家在长期的资本主义经济发展过程中已经形成了国际贸易、国际货币、国际金融等国际经济学理论体系，并在实践经济活动中不断完善补充；而发展中国家在国际经济往来中常常处于现学现用，缺乏系统理论指导的尴尬境地，因此不平等交易现象时时存在，国家长远经济利益受到侵占和损害，不利于经济健康与可持续发展。

《战略经济论》是我国青年经济学者在经济理论研究与实践中的大胆创新。本书从经济学理论适应生产力发展的原理出发，对西方经济学主流思想从“劳动价值论”到“均衡价值论”，从微观经济研究到宏观经济研究再到国际经济研究的发展进行归纳，结合中国改革开放获得经济快速发展的现实、国际经济形势变化趋势以及 20 世纪以来数次经济危机的经验教训，阐释了战略经济概念，提出经济“战略期”的新观点，应用战略经济原理分析了“改革开放”“中等收入陷阱”“美元汇率变化趋势”等经济现象的原因以及发展对策，总结了战略经济分析方法，初步构建起战略经济理论体系。

不畏浮云遮望眼，自缘身在最高层。以战略的视角观察经济现象，可以摒除干扰，认识本质；以战略的应对维护自身利益，可以看清趋势，减少损失；以战略的思想指导经济发展，可以辨明方向，少走弯路。书中从战略视角分析生产与消费、供给与需求，对我国现行“创新发展战略”“供给侧结构性改革”提供理论依据，充满勃勃新意；而其对货币战略、贸易战略、股市战略与资产战略的分析贴近现实，眼光独具、发人深省。通观全书，作者对科学技术促进生产力发展有着清醒深刻的认识，对人类社会文明发展的技术路线充满理想主义的情怀。

当然，“战略经济”目前仅仅具备理论雏形，要想成为一门独立又成熟的学科还必须开展大量的理论探索和实证研究，对其提出的理论与观点进行考察验证。不可否认，《战略经济论》一书的问世为经济学研究注入了新的血液，期待它能够不断成长壮大，成为经济理论中的重要组成。我希望本书的出版能引起更多的青年经济学者投入到理论创新中来，为我国的经济发展与民族的伟大复兴献计献策。

是为序。

中国工程院院士

中国社科院学部委员

李京文

2017 年元月 3 日

目　　录

绪　论

以战略的视角观察经济现象，以战略的思想指导经济发展，

以战略的应对维护自身利益，以战略的理念憧憬文明未来。

现代经济学历经300年的发展变迁，已经成为一个系统完整、分支无数的庞然大物。一众国家、数百政府、绝大多数中央银行秉承现代经济学的基本理念治理社会、维持生产，期望得到持续繁荣，希冀富足美好的生活。然而当我们冷眼审视现实的时候，却惊疑地发现世界上的“乐土”十分罕见。“由于全球范围内缺乏高质量的就业机会，且多个区域的经济前景恶化，世界各国数十年来在减贫方面取得的进展受到了威胁。目前，在新兴经济体和发展中国家，有36%的人口生活在贫困中，每天的收入购买力不足3.1美元”[1]。学有所教、劳有所得、住有所居、病有所医、老有所养这些最基本的生命需求在这些国家和地区成为不折不扣的“奢侈品”。为什么追求美好的希望与现实间存在如此巨大的落差？为什么国家间、地区间、人种间存在发展上严重的不均衡？是人的行为实践歪曲了现代经济理论指引的方向，还是这个理论体系本身出了问题？一个社会，一个民族，一个国家究竟应当如何发展呢？

中国始于20世纪70年代末的改革揭开了人类现代文明史上最宏大的经济发展大幕，38年里披荆斩棘，使得一个贫困落后、人口众多的国家再度焕发勃勃生机，造就“东方奇迹”，是什么力量的作用获得这样的成就呢？几经提笔，终于下定决心撰写这部《战略经济论》，即将开始的论述主要基于近几十年对社会经济与国家关系相互影响、相互作用，以致产生种种经济效果的分析，期望建立一个新的体系解释社会运转的内在规律，透过前所未有的视角审视过去，从而产生对未来发展的规划和推理。事实是否果真如此，无数经济学人无法直面的难题，谁又能给出完整的答案呢？

仁者见仁，智者见智。

每个人都有这样的生活经验——天气变化，从晴空万里到阴云密布，从大雨滂沱到云开日出，这种极端的变化往往可以在几个小时里完成，于是我们心中充满对自然的敬畏，感叹非人力所能为的神奇。直到卫星升空、气象模拟技术问世，才让人们掌握了云团、风向、风力、温度等诸多要素的变化规律，开始对未来天气做出较为精确地预测，于是气象学逐渐被人信服，气象预报成为生活中重要的参考指数之一。

类似于气象学，经济学的实质是对人们改变自然、创造生活过程发生现象的一种描述和预测，两者之间存在共性：一者是由自然界的诸多因素相互作用形成，一者则是由人的意志和行为的相互作用决定。供给、需求、预期、心理等要素的变化，资源、环境、社会形态、文化传统、战争和平甚至自然灾害等条件限制，为经济学的预测带来极大的困难，因此世界上绝大多数的主流经济学家仅仅分析已经发生的经济现象，极个别才冒大不韪地进行预测。尤其是对经济危机的预测，各种结果千差万别，莫衷一是。各国政府建立在经济理论上的政策措施，也必须运行一段时期通过实践结果检验后才做出调整，而不能根据经济预测进行修正。

如对许多因素进行综合分析，从中找到未来的发展方向，已经不是一种经济理论所能完成的任务，结合当今国际间主要国家竞争模式的转变，各国经济发展更像是一场旷日持久的战争。“兵者，国之大事，死生之地，存亡之道，不可不察也”[2]。而今大国之间的“兵”可以替换为“经济”，因为“经济发展”已经不折不扣成为“国之大事”，拉美国家因为“不察”，社会发展陷入几十年的停滞；日本因为“不察”，损失了二十年的光阴，至今政局动荡不休，首相更迭愈勤；苏联因为“不察”，分崩离析，国家解体。正是“死生之地，存亡之道”。

战争的本意是军事武装力量的直接对抗，而现代社会这一词汇却更多出现在经济发展激烈冲突的领域。方今热销的经济书籍，涉及生产领域有“粮食战争”“资源战争”；涉及交换领域有“贸易战”“关税战”；涉及消费领域有“价格战”；涉及金融资本领域有“货币战争”“汇率战”等等。既然是战争，为了赢取胜利必须辅以正确的指导思想和指挥艺术，战略经济就是研究这一个广泛存在却并不被广泛认同领域的理论体系。

现代西方经济学如果遵循主流发展脉络，可以粗略划分为五个阶段：最早期的重商主义[3]和重农学派[4]；以亚当·斯密、马尔萨斯、大卫·李嘉图、萨伊、穆勒为代表的古典经济学[5]；以瓦尔拉斯、马歇尔、门格尔为代表的新古典经济学[6]；凯恩斯的宏观经济学；以萨缪尔森、托宾、索洛为代表的新古典综合派与其他流派（新自由主义、货币主义、理性预期等）。这是多数经济学者认同的发展划分。

以史为鉴，可以知兴衰。我们感兴趣的是为什么经济学理论体系会沿着这样一个脉络发展，其中是否隐含了社会发展的某些必然规律？如果让时间倒流，历史可以重新来过，是否还会经历同样的过程？从更宏观的层面，虽然地域、种族不同，世界社会主流形态发展历经原始社会、奴隶社会、封建社会、资本主义社会的脉络。如果允许一个现代人在原始社会带领原始部落发展，是否可以避免经历这一发展历程，改变社会发展轨迹呢？一个深刻的问题是：当我们预先知道结果，是否有能力改变发展的进程。假设永远是假设，但弄清背后隐藏的规律，建立影响未来的发展机制，趋利避害，这是战略经济的根本着眼点。

我们生活在一个信息高速膨胀，传播趋向实时的变革时代，而世界各国、各阶层间的利益诉求与财富差距不断扩大，各种各样的矛盾以纷繁复杂的形式呈现，又在第一时间传递到每一个角落。学说、思潮由于专家学者的不同派系以及隶属不同阶层、代表不同利益愈发泛滥无章；新闻的真伪、消息的虚实更令普通百姓摸不着头脑；尤其涉及经济民生领域，各利益集团为维护自己的核心利益，散布有利于自身的各种信息，再通过利益代表在正式、非正式场合煞有介事地到处宣扬，普通大众往往深陷其中而不自知，待到幡然醒悟却为时已晚，人去财空。适逢其时，怎样深省而自知，不为乱花迷眼，不被一叶障目，这就要求每个人应当具备一点真正的经济素质，站得高一点，看得远一点，坚持自己多一点，盲从盲信少一点，虽不能事事如意，但防吃大亏、上恶当，保护自己的劳动所得，在自己能力所及下过得更自在幸福一些。

下雨前总需要备把伞。

非常值得称道的是现代西方经济学里弗里德曼的货币主义，卢卡斯、萨金特的理性预期和克鲁格曼的国际经济学理论，已经从不同侧面反映出经济战略思想的本质内容。本书作为后学者的致敬，非常感谢他们对作者思想的启迪。也深切地希望透过战略经济的讨论，对公正和平、持续发展、健康而充满希望的社会未来略有助益。

注释：

[1]《2016年世界就业和社会展望报告》. 国际劳工组织，2016年5月。

[2]《孙子兵法》第一篇“始计第一”。

[3] 重商主义，也称作“商业本位”，产生于16世纪中叶，盛行于17世纪至18世纪中叶，后为古典经济学取代。它建立在这样的信念上：即一国的国力基于通过贸易的顺差，即出口额大于进口额，所能获得的财富。是封建主义解体之后的16世纪至17世纪西欧资本原始积累时期的一种经济理论或经济体系，反映资本原始积累时期商业资产阶级利益的经济理论和政策体系。

[4] 重农学派是18世纪50年代至70年代的法国资产阶级古典政治经济学学派。重农

学派以自然秩序为最高信条，视农业为财富的唯一来源和社会一切收入的基础，认为保障财产权利和个人经济自由是社会繁荣的必要因素。

[5] 古典经济学是西欧资本主义产生时期的资产阶级政治经济学。产生于17世纪中叶，完成于19世纪初。主要成果是奠定了劳动价值论的基础，并在不同程度上探讨了剩余价值的各种形式，如利润、利息和地租等问题。受历史条件的限制，它把经济关系和各种经济范畴都看成是自然的、永恒的，不可避免地存在着庸俗的因素。古典政治经济学在英国从威廉·配第开始，中经亚当·斯密的发展，到李嘉图结束；在法国从布阿吉尔贝尔开始，到西斯蒙第结束。

[6] 新古典派经济学是在20世纪70年代形成的学派。其理论框架由理性预期假说和自然失业率假说组成。该学派主张市场经济能自动解决失业、不景气等问题，而政府主导的稳定政策没有任何效果。在失业和通货膨胀的两难问题不仅在长期，短期也不存在这一点上，与货币主义不同。

第一章　经济学发展脉络

关于社会体制与经济发展的思考是人类社会的核心问题之一。近代西方经济学的发展存在着清晰的脉络。生产力进步、生产效率提高与物质财富总量积累是经济理论发展的实践基础。一切经济现象都是人的意志在自然经济状态下博弈后的结果。

关于社会体制与经济发展的思考是人类社会的核心问题之一。近代社会，人们对经济规律的认识愈加深刻，从经济学古典理论延伸到宏观经济学的出现再到国际经济一体化，从自由竞争的市场经济到政府干预宏观调控，发展经济学、社会经济学、政治经济学、国际经济学等等，经济学分支纷繁复杂、派别林立，试图阐释每一个发生的经济现象。传统观点中，经济学是研究人类社会在各个发展阶段上的各种经济活动和各种相应的经济关系及其运行、发展规律的学科。亚当·斯密认为经济学就是“研究国民财富的性质和原因以及财富增长之道的”[1]，阿弗里德·马歇尔以为“经济学主要研究人类活动的动力和阻力，这种动力和阻力的数量只能大略用货币来进行衡量”[2]，约翰·凯恩斯说：“大部分论价值与生产之作，主要讨论两个问题：一是如何把定量资源分配于各种用途，二是设雇佣人资源适为此量，则各资源的相对报酬以及产品的相对价值如何决定。”[3]

我们认为经济学是对人们改变自然创造生活过程中发生现象的描述，并且通过现象掌握本质规律，再反作用于社会发展进程的学科。类似气象学对自然界变化的描述，一者是由自然界诸多因素的相互作用形成，一者则是由人的意志和行为的相互作用决定。同样的如果有现代科技手段监测到关键因素的变化趋势，则经济发展存在天气预报一样的短期可预知性。当代经济学的发展也印证了这种预测的可能性。国际货币基金组织《世界经济展望》报告、世界银行《国际经济展望》报告以及全球各大投行、券商发布的经济预测已经日益成为各国政府与投资人决策的重要参考。“经济预测不是靠经验、凭直觉的预言或猜测，而是以科学的理论和方法、可靠的资料、精密的计算及对客观规律性的认识所做出的分析和判断。这样的预测是一种分析的程序，它可以重复地连续进行下去”[4]。诚如一门只能记录历史、描述现在而不能预报短期未来的气象学是没有发展研究价值的，一门只能记录历史、描述现在而不能预计短期未来的经济学也是没有前途的。

近代西方经济学的发展存在着清晰的脉络。从亚当·斯密的《国富论》到马歇尔的《经济学原理》再到凯恩斯的《就业、利息和货币通论》，从微观到宏观，从现象到本质，随着社会经济的发展认识不断深入。这其中存在着历史的必然。亚当·斯密、李嘉图、马克思秉承的是劳动价值论：斯密认为“任何一个物品的真实价格，即要取得这物品实际上所付出的代价，乃是获得它的辛苦和麻烦”，又称“劳动是衡量一切商品交换价值的真实尺度”，而后又提出“无论在什么社会，商品价格归根到底都分解成为那三个部分（工资、利润、地租）或其中之一。在进步社会，这三者都或多或少地成为绝大部分商品价格的组成部分”；李嘉图则指出“价值是由生产一种商品所必需的劳动决定”，“作为价值唯一源泉的劳动是人的、而且是社会规定的人的活动”[5]；马克思把价值定义为“凝结在商品中的无差别的人类劳动”，并在劳动价值论基础上创立了剩余价值论，完善了价值规律体系——商品的价值量是由生产这种商品的社会必要劳动时间决定的，商品交换要以价值量为基础，实行等价交换。价值规律作用的表现形式是价格围绕价值上下波动[6]。

在18世纪到19世纪中期的欧洲资本主义国家中，从重商主义和重农学派的影响下脱颖而出，劳动价值论恰当地反映了当时资本主义社会的生产力发展状况和商品价格以要素成本加成的客观现实，被广泛传播接受。开始于18世纪60年代，发源于英格兰中部地区的工业革命，用机器取代人工，用大规模工厂化生产取代个体手工劳动，从根本上改变了人类的生产方式，使资本主义最终替代了封建主义。然而资本主义早期生产力水平依旧低下，社会积累剩余财富总量较少，无论政府（国王）还是私人部门都不可能（也没有意识到）凭借手中掌握的财富干预经济领域的自然平衡，社会经济表现出一种自然的市场竞争状态。商品价格更多是在成本基础上浮动预期利润所得，这就是劳动价值论的社会基础。直到如今，在贫穷国家农业部门的情况依然可以近似这种状态。由于个人生产效率低，其商品关系到每一个个体的生存，为避免动荡，政治力量不允许其他势力干预、左右这类必需品的价格，表现为价格管控下长期的价格小范围波动。对印度农产品价格的考察印证了这一观点。（见附录I）

阿弗里德·马歇尔的均衡价值论是在古典经济学生产费用论基础上结合了边际分析与心理因素，通过供需平衡决定商品价格，是对劳动价值论的补充与修正。他在《经济学原理》中将“价值与效用”并列，并提出“对一物实际支付的价格会以什么程度代表占有此物所产生的利益”，随后对“供求均衡一般理论”进行总结，“在供给从各个方面都能完全与需求相适应的这样一种绝对静态当中，正常生产费用、边际费用和平均费用（租金也计算在内）对于长期和短期都是同一种东西”。此后，均衡和均衡分析方法在现代经济学中得到广泛运用和发展。

应用边际效用递减从需求方研究价格决定的根本原因在于19世纪晚期到20世纪早期世界主要资本主义国家生产效率得到充分提升，使得个体劳动的剩余价值越来越大，并且伴随殖民战争掠夺财富的增加以及殖民地源源不断的财富创造，某些私营部门（石油、铁路、航运、大工业制造等）所积累的财富总额甚至大到可以干预经济的自然平衡，源于某些阶层的需求左右了商品的价格，供需关系成为这个时期的主要决定因素。以英国经历的“消费革命”[7]为例：工业革命后到19世纪中叶，英国城市化进程加快，生活条件开始改善，中产阶级成为英国大部分商品的主要消费群。1860年，占世界人口2%和欧洲人口10%的英国，几乎生产了世界工业产品的40%~50%。此时的英国生产和消费都超出了生存必需和生理需求的范围，消费成为社会生产的主导动力与根本目标。

20世纪20年代至30年代源于美国并且发展到整个西方资本主义

社会的大萧条时期，约翰·凯恩斯创立了宏观经济与政府干预理论，他在《就业、利息和货币通论》中写道“消费倾向与新投资量两者才决定就业量，就业量又决定真实工资水准——并不是颠倒过来”，后又提出“一个贫穷社会，往往以其产品的大部分用之于消费，故只要有小量投资，即可造成充分就业。反之，在一富裕社会中，假如想要让富人的储蓄倾向与穷人的就业机会不相冲突，则投资机会必须比贫穷社会增大许多”。由此他倡导“投资引诱”，甚至提出一个著名的“挖坑理论”：“如果财政部把旧瓶子里塞满钞票，然后把它们埋在废弃矿井中合适的深度，再用城市垃圾把矿井填平，最后，任由私人企业按照自由放任的原则把钞票再挖出来（要经过投标才能进行开采），这样就不会再有人失业，社会的资本财富和实际收入受此影响后，都会有所增长”。凯恩斯的“贫穷社会”就是生产力低的社会，“富裕社会”就是生产力高的社会，他从提高消费与投资解决充分就业，再从充分就业创造有效需求的角度入手，提出政府应当干预宏观经济的论断。受此影响，1933 年美国罗斯福总统推行新政增加政府对经济直接或间接干预，缓解了大萧条带来的经济危机与社会矛盾。以国民经济总过程的活动为研究对象，主要考察就业总水平、国民总收入等经济总量的宏观经济学逐渐发展成为经济学中的一个独立的理论体系，被世界各主要国家采纳应用。

宏观经济学发展的根本原因依然是劳动生产力的进一步释放，由于生产效率提高，物质财富总量不断积累，政府的公共财政（来源于税收、土地、自然资源等）终于可以在分配中成为左右经济平衡的重要力量，从此正式与私营部门一起左右供需关系，从而影响经济的自然平衡。不仅如此，政府更可以利用自己掌握的公权力（财政政策与货币政策）对整体社会经济施加影响，甚至成为短期决定力量。这一点在通货膨胀与货币汇率，经济发展速度与产业发展方向等领域表现得尤为明显。宏观经济调控的成功带来了美国二战后经济发展的“黄金时代”[8]。

20世纪晚期，脱胎于亚当·斯密绝对优势、大卫·李嘉图比较优势国际贸易论的国际经济学蓬勃发展。国际经济学研究脱离了宏观经济学中国家的范围，应用经济学的一般理论，研究国际经济活动和国际经济关系。主要研究集中在国际贸易理论与政策、国际收支理论、汇率理论、要素的国际流动、国际投资理论、开放的宏观经济均衡等领域。这是一次以世界各国为对象的经济学革命。在国际贸易媒介——货币领域，米尔顿·弗里德曼强调“货币供应量的变动是引起经济活动和物价水平发生变动的根本的和起支配作用的原因”[9]，主张实行一种“单一规则”的货币政策——公开宣布并长期采用一个固定不变的货币供应增长率。并推导出货币供应决定模型，指出通货膨胀对政府存在着强大的诱惑力。在国际贸易产业内贸易领域，保罗·克鲁格曼提出“规模经济作为国际贸易产生原因”[10]，并建立各种模型深入阐述了规模经济、不完全竞争市场结构与国际贸易的关系，还勾勒出战略性国际贸易政策的轮廓。在国际汇率领域，罗伯特·卢卡斯以及大卫·斯托克曼提出了一般均衡的汇率决定模型，它把浮动价格的货币模型由两个商品进行贸易推广到充分多个商品在两国间进行贸易。在国际金融领域，罗伯特·蒙代尔建立了开放条件下宏观稳定政策的蒙代尔-弗莱明模型，提出最优货币区域理论，并得出“货币政策独立性、资本自由流动与汇率稳定这三个政策目标不可能同时达到”[11]的三角悖论。

现代国际经济学的发展仍然源于生产力的进步。20世纪80年代以来，工业文明发展陷入困境，国家内部由于资源、能源、人口等条件限制，无法完成规模化生产的要求，只有打破国界限制，在全球范围内优化资源配置，才能进一步满足技术进步与工业生产的需求。同时，信息技术与交通技术革命极大缩短了人与人、国与国之间的时空距离，随着大型跨国企业建立和国际金融市场兴起，产生了世界范围内经济发展的新动力，也促使人们形成全球意识。国际贸易商品的范围越来越广，世界金融市场的作用越来越大，国家间以贸易往来为基础开始了更广泛的合作。跨国企业为了追求利益最大化，将许多以前在一个地方完成的产品，分解成若干个独立步骤或模块，每一个步骤或模块都在那些能够以最低成本完成的地方生产，从而使国际贸易和外国直接投资从原来的最终消费品的交换和生产，转变为产品零配件的交换和生产。“进入20世纪90年代，形成了全球范围内的产业链，从不同产业的全球分工，到产业内全球分工，又发展到企业内的全球分工。以跨国公司为载体，资金、人才、技术的全球流动正深刻地改变着世界经济格局”[12]。这种趋势从美国苹果公司的生产布局中可以

窥见一斑。（见附录 II）

20 世纪 90 年代以来，苏联解体，国家货币卢布崩盘，几十年积累的国民财富流失一空；日本房地产泡沫破灭，进入持续 20 多年经济衰退；东南亚四国遭受金融危机，外汇储备消耗殆尽，货币贬值，经济萧条，政局混乱；国际互联网泡沫破灭，大多数网络公司倒闭，投资企业负债累累；2007 年，美国次贷危机席卷西方主要国家，大量金融、地产公司破产，后引发欧洲债务危机，希腊、葡萄牙、爱尔兰和西班牙等国的财政问题日益紧迫；新兴市场国家大面积货币贬值，以 2013 年年初为基准，至 2014 年 11 月 20 日，巴西雷亚尔贬值 21%，印度卢比贬值 12%，俄罗斯卢布贬值 35%，南非兰特贬值 20%，阿根廷比索贬值 41%，土耳其里拉贬值 18%，印尼盾贬值 22%；[13] 2016 年 6 月英国退出欧盟，欧元区面临解体危险。仿佛 20 多年时间，所有的经济理论都失去了原有的风采，仅余下各国彷徨的政府和茫然的央行。在经济全球化的美丽外表下，隐藏着一个不容回避的问题：当一个国家掌握了能够操纵经济发展的理论后，究竟会用它来服务于全球，还是服务于自己？世界经济的发展历程似乎已经给出了答案。

时代的变化呼唤新经济理论，面对全球化汹涌的浪潮，每个国家、每个地区应当如何定位才能既保护自身经济安全，又谋求更快更好地发展，在世界经济博弈中占据优势地位。战略经济学就是从不同国家、不同阶层的根本利益分析出发，透过各种经济事件的表象，看清彼此的真实意图，做到知己知彼下的公平交易，防止强势集团对弱势集团的欺骗敲诈，维护公正和平的经济秩序。战略经济思想依然植根于生产力的进步。进入21世纪，主要以电子信息技术、智能控制技术引领的新工业革命以及国际分工不断细化深入，极大提高了全球生产、贸易、金融领域效率，物质财富积累数量达到空前规模。

时至今日，产能过剩已经成为全球问题。法国第二大银行Natixis指出，自金融危机以来，全球制造业产出的放缓，是全球经济加速转向依赖服务业的结果。而且，这种转变比预期来得更快，导致全球制造业出现了产能过剩。至于大宗商品的过剩，主要是由于全球需求下降而产出维持高位所导致。

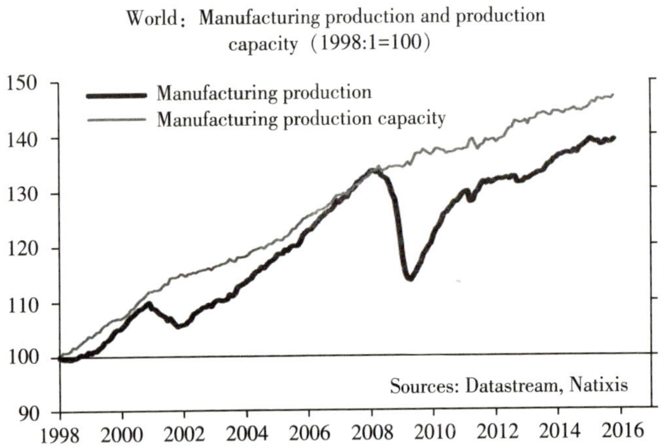

图 1-1　世界制造业产量与产能趋势

在图1-1中，可以清晰地看到2008年以后，世界制造业生产能力与实际产出之间巨大的鸿沟。

然而由于历史、政治格局、工业化时序先后差别等原因，世界剩余财富分配体系并不公平，国家地区间政治经济利益产生巨大差异，尤其中国加入世界贸易组织以后的15年间，“世界工厂”的巨大产能使中国制造品迅速遍及全球，形成了资源能源输出国—生产制造国—最终产品消费国的全球生产消费格局，债权与债务的不断膨胀客观上产生调整需求。此时全球私营部门利益分化，某几个私营产业（金融、地产寡头等）所掌握的财富绝对数额已经大到对整个世界宏观经济产生影响。而他们往往为了资本收益枉顾其他，最终成为宏观经济的扰乱者。随着自身实力的强化，这种扰乱作用逐步放大，对自然经济平衡产生了大量投机性欺骗效果，造成各种非必需商品价格的离奇波动。在国际上最为显著的是黄金、石油、各种大宗货物期货，还有世界货币——美元；在国内则是股市、房地产市场等资产价格的大涨大落。因此表象的供需关系反应的是真实供需关系与投机性需求的加成，价格波动的范围远远超过以往的水平。随之而来的是财富向富裕者流动的速度也大大加快。一方面国家间为了重新划分利益发生冲突，另一方面，资本持有者希望获得更丰厚的投资回报，两股力量造成了世界宏观经济跌宕起伏，扑朔迷离。

从战略经济的角度，一切经济现象都是人的意志在自然经济状态下博弈后的结果，一国的宏观经济要素变化趋势，就业、收入、通胀、汇率；微观经济要素变化趋势，生产、消费、价格、企业；小到柴米油盐，大到国际关系，看似无关，其实紧密联系的各种经济因素，都可以推演解释，以之应对国际市场错综复杂的经济局面，从本质上分析原因与趋势，就可以趋利避害，合理安排国计民生。

注释：

[1] 亚当·斯密.国民财富的性质和原因的研究（上卷）[M].商务印书馆，1972年.

[2] 阿弗里德·马歇尔.经济学原理（第二章）[M].华夏出版社，2013年.

[3] 约翰·凯恩斯.就业、利息和货币通论[M].中国社会科学出版社，2009年.

[4] 徐建中，郑长娟.经济预测[M].哈尔滨工程大学出版社，2002年.

[5] 大卫·李嘉图.政治经济学及赋税原理（第一章）[M].光明日报出版社，2009年.

[6] 卡尔·马克思.资本论[M].人民出版社，2004年.

[7] 19世纪初，英国社会所经历的最深刻的变革都来自于工业革命的影响。由于工业化程度大大提高，英国的运输业得到了飞速的发展。无论是铁路运输还是海运河运，都有了巨大的进步。工业化的另一个结果是改变了经济增长的模式：在增长中工业所占比重显著提高，促进了英国从农业国向工业国过度。工业革命后，英国工人的收入水平在19世纪初期实际上没有什么提高，所以生活条件的改善也并不显著，对工人的盘剥体现了资本原始积累的一个方面。同时，收入水平的不均衡开始出现，这一时期英国的工人阶级内部也开始分化，形成了所谓的“劳工贵族”，并发展成为后来的中产阶级，为社会的稳定起了很大的作用。到19世纪中叶，中产阶级成了英国大部分商品的主要消费群。城市化进程加快，生活条件开始改善。到1851年，英国的城市人口已达到总人口的一半。19世纪后半叶的维多利亚时期，英国在世界贸易和工业中仍处于垄断地位，其经济实力，远在其他国家之上，势力范围遍布世界各地，被称为“日不落”帝国。李新宽.世界历史[J].2011（5）.

[8] 第二次世界大战后至1970年是美国资本主义的黄金时期。华尔街在战后享受了历史上最长的一次牛市，股市几乎毫无阻力的从1949年一直上涨到1957年。美国政府当时参与社会福利和被艾森豪威尔称为军事工业复合体的政策一直延续至今。美国的国民生产总值经过“黄金时代”的发展从1961年的5233亿美元到1971年的10634亿美元。战后美国经济增长出现“黄金时代”的主要原因为：①美国联邦政府对经济加强了干预；②为应付冷战而加强的国民经济军事化极大地刺激了经济的增长；③战后技术革命推动了经济的迅速发展；④利用战后的经

济优势地位，扩大商品输出和资本输出，充分利用国外的廉价资源，其中特别是石油资源，从而极大地获取高额利润；⑤战后美国的国内政治局面相当稳定。战后美国的经济危机的烈度大大降低。从第二次世界大战结束到60年代末，美国没有出现过1929—1933年那样的经济大危机，但是曾经经历过5次经济衰退（或者可以说发生过5次一般的经济危机）。虽然战后美国经济并没有摆脱资本主义经济固有的周期性循环，经济危机或经济衰退依然相隔一段时间就要出现一次，但是经济危机的烈度都不很大，比如工业生产下降幅度基本在10%以下，只有一次在13.5%，但恰恰这一次持续的时间最短。另一方面，战后美国政府对经济危机都实行了一系列凯恩斯主义的反危机手段，即运用赤字财政，通过膨胀通货，刺激总需求，从而抑制经济危机的破坏程度，避免大量的企业在危机中倒闭，同时控制失业率的急剧攀升，稳定社会秩序。《美国的黄金时代》，百度文库。

[9] 米尔顿·弗里德曼.弗里德曼文萃[M].首都经济贸易大学出版社，2001年.
[10] 保罗·克鲁格曼.国际经济学——理论与政策[M].清华大学出版社，2008年.
[11] 蒙代尔.蒙代尔经济学文集（第3卷）[M].中国金融出版社出版，2003年.
[12] 章建新.基于全球产业链的物流产业集群竞争力分析[J].经济问题，2006（5）.
[13] 郑冲.新兴市场国家货币贬值原因、影响与启示[J].银行家，2014（12）.

第二章　战略经济诠释

经济战略是指一段时期内社会强势集团在经济领域的全局性目标以及为了实现目标所进行的一系列经济策略。战略经济学就是以全球经济一体化的视角，研究如何制定适应本国的经济发展战略，获得良好的内外部环境，争取国家利益最大化、公民福祉最优化的学说。

第一节　什么是战略经济

什么是战略？字面上最直观的解释就是战争的谋略，是为取得胜利制定的最高准则。“观阴阳之开阖以命物，知存亡之门户，筹策万类之始终，达人心之理，见变化之朕焉”，[1]就是战略思想的体现。古今中外对战略的研究众说纷纭，孔子说：“人无远虑，必有近忧。”孙子说：“死生之地，存亡之道，不可不察也。”到了北宋王安石提出“善为天下计者，必建长久之策，兴大来之功”，而清朝政论家陈澹然认为“惟自古不谋万世者不足谋一时，不谋全局者不足谋一域”，中国当代最伟大的战略家毛泽东说：“坐在指挥台上，……只有当还没有出现大量的明显的东西的时候，当桅杆顶刚刚露出的时候，就能看出这是要发展成为大量的普遍的东西，并能掌握住它。”[2]这就是战略的意义。西方战略思想源于古希腊、古罗马时期，到文艺复兴时开始突飞猛进地发展，马基维亚利在《战争艺术》和《君主论》二书中阐明了“军事权力是国家的基础”“军事与政治具有共同的格局”等战略观点，被尊称为“现代战略思想之父”；18 世纪时法国伟大的军事家拿破仑说："除非计算，否则在战争中将一无所获。"而法国人梅齐乐在《战争理论》中，把"战略"明确界定为"作战的指导"；德国的克劳塞维茨认为"战略计划纯粹是主将思考和感觉态度的表示，而几乎从来就不是自由考虑所选择的路线"[3]，并指出历史研究最重视物质力量的数学层面，而忽视战争中的主观力量，但最具有决定性的却正是此种力量。

现代西方的战略思想在第二次世界大战之后又有了质的变化。美国人魏德迈在他的回忆录中把"大战略"界定为"使用一切国家资源以达成国家政策所定目标的艺术和科学"，他把国家资源概括分为"政治、经济、心理、军事"四大类，并且开拓性地提出"在现有的复杂的世界环境中，军事、经济、科学、技术、政治、心理等因素之间的分界线，几乎都已消灭，我想一种远较宽广的战略观念，对于生存是有所必要的"。20世纪末，兹比格纽·布热津斯基对美国的全球战略布局又做出了深远的论述，他的中心思想就是"美国应在欧亚这块世界上人口最多、自然资源最丰富、经济活动最活跃的大地上行使力量，防止出现任何超级大国对手来威胁美国利益或福祉"[4]。

人类社会之所以最早出现军事战略，是因为资源在不同集团间分配产生的矛盾引发战争，胜利者往往有权利剥夺失败者的全部直至自由和生命，这种最高形式的斗争导致如此严重的后果，以至于需要集合全部的智慧和力量博弈争胜。战略思想是获取胜利的根本保证，各种兵书战策成为不同利益集团必须正视必须掌握的生存技能。其中最著名的《孙子兵法》成为中国历史上集大成的军事战略战术方法论。近代社会由于大规模毁灭性武器的出现，大国之间军事力量相互制衡，爆发全面战争的可能性日渐其微。但这并不说明国家不会发生政权更迭，不会被外部势力侵犯并剥夺民族利益。恰恰相反，仿佛为了印证魏德迈“大战略”观念，当代历史进程昭示了国家间另类形式的斗争，造成的结果轻的是财富被掠夺，社会发展长期停滞甚至倒退，重的是政权解体，民族分裂独立。政治体制、民主人权、环境保护等都成为当代国际斗争的方式，其中最重要的则是经济斗争。

竞争和双赢是当代经济领域最常提及的词汇。然而认为经济斗争全部的表现形式仅是如此的话，就偏颇了。苏联和日本的经验都表明经济斗争是可以危及国家安全与社会发展的。关键在于最终的利益转移到哪里，谁是受益者，谁是承担者。这与军事斗争的性质本质上是一致的。胜利方享受利益，失败方承担损失。在美苏长时间的经济斗争中，苏联畸形的经济结构与政治生态，最终导致了一场没有军事失利情况下的政权溃败。（见附录 III）

既然经济斗争是当代大国间解决根本冲突和分配利益的重要手段，那么研究经济斗争的规律，总结经济战略思想作为理论指导就是获得胜利的前提和保证。军事战略具有全局性、长期性、对抗性的特点，经济战略同样如此。和平时期最容易忽略的战略属性是对抗性，往往被“友好”的面纱掩盖住残酷的本质。其实战略永远是互动的，如果没有对手，不为取得胜利而制定的目标只能称之为理想。

经济战略是指一段时期内社会强势集团在经济领域的全局性目标以及为了实现目标所进行的一系列经济策略。广义的经济战略涵盖生产、消费、储蓄、投资、财政、税收等诸领域，对制定国家经济政策具有指导意义。狭义的经济战略专指国家间为了争夺经济制高点而进行的谋划，包括货币战略、资源能源战略、贸易战略等，构成国际经济竞争的核心，以此作用于各国的生产、消费、储蓄、投资等经济行为，营造有利于本国的发展环境。因为经济的战略目标带有强烈的主观色彩，而且往往辅之以其他的实现手段，所以其实现过程表现得跌宕起伏，令人摸不着头脑，但执行结果却单一并且可以预测。

战略经济学就是以全球经济一体化的视角，研究如何制定适应本国的经济发展战略，获得良好的内外部环境，争取国家利益最大化、公民福祉最优化的学说。

一切经济活动的根源在于人。人的劳动意愿、劳动效率、消费倾向等诸因素最终决定了社会形态和繁荣程度。从历史角度看，生存与繁衍、安全与交流、自由与理想等不同层次人的需求满足体现了不同历史阶段的文明结构。原始社会、奴隶社会、封建社会、资本主义社会的组织制度逐级对应于人更高层次的需求满足。因此研究经济发展，无论历史还是今天，为了获得正确的结论，不能舍本逐末，必须充分认识人所起的关键作用。

战略思想是指导人类社会活动的根本原则，同样也是经济发展的目标方向。不论哪种社会形态，组织生产和消费的方式都是由处于优势地位人的思想决定。表现在国家层面则称为国家战略。国家战略涉及范围宽泛，经济、军事、外交等构成一个庞大的体系，总体反映了一国中优势集团的意志。经济实力是国家的基础，是其他各个层面发展的依仗，所以国家经济发展战略是首要制定目标，同时也应当成为国家的核心机密。为了在全球化经济融合的大潮中争取有利地位，做到“知己知彼、百战不殆”，只有认真把握隐藏在众多经济现象之后的国家经济意图，结合各种实现能力分析，才能有效地理解全球经济事件，预知经济趋势。这就是战略经济的首要目的。

美国作为当今世界唯一的超级大国，历来重视经济战略的研究，并且根据世界经济发展趋势不断做出有利于本身的调整。美国经历了2002年到2007年的持续快速发展，2008年爆发次贷危机，从2010年以来美国经济战略开始大转向（见附录Ⅳ）。其经济战略的变化将对未来10～20年的世界经济格局产生深远影响。

第二节　微观经济、宏观经济与战略经济

中国38年的改革开放使得西方经济学取代政治经济学成为经济发展实质上的指导思想，宏观经济领域、金融领域大批经济学者都具备海外留学背景，充分认可并接受了西方经济学的观点和研究方法，在社会治理实践中大量应用，并且获得了巨大成功。1980年深圳、珠海、汕头、厦门4个经济特区设立；1984年中国工商银行成立；1986

年沈阳市防爆器械厂宣告破产；1990 年上海证券交易所开业，1991 年深圳证券交易所开业；1992—1994 年，医疗、住房市场化改革施行；1994 年国务院确定 100 户国有大中型企业进行现代企业制度试点；2001 年中国重新加入世界贸易组织；2004 年国有银行股份制改革，新西兰正式承认中国市场经济[5]地位；2005 年股权分置改革试点启动；2007 年《物权法》出台……这些标志性事件都是中国走向市场经济的脚印。时至今日，更是有一批经济学家坚定认为市场经济是解决一切社会问题的唯一途径。

事实真的如此吗？20 世纪早期，市场经济起源地欧洲因为经济发展不平衡爆发战争，直接导致经济大规模衰退；20 世纪 30 年代，美国在持续繁荣后发生“股灾”，随后进入为期 4 年的经济大萧条（美国农业甚至用了 10 年时间才逐渐恢复）。这些都是发生在市场经济体制下。凯恩斯主义的兴起就是对完全市场经济的否定和修正。宏观经济学强调了政府对市场失灵的干预，也是第二次世界大战后持续发展和繁荣的动因之一。宏观经济学是人们对社会整体经济运行方式认识的一次实质性的跨越。从战略视角看，微观经济学研究通过供需平衡与组织方式提高劳动效率，解决的是生产问题，即所谓做大蛋糕；宏观经济学研究通过社会总供给、总需求平衡与合理分配实现社会公平与可持续发展，解决的是货币控制与财富分配问题，即所谓分好蛋糕。在一般情况下，两者相互补充，基本覆盖社会经济领域全过程。

第二次世界大战以后，世界除了少数局部战争外，大局是和平发展。微观经济学与宏观经济学相结合的指导思想成就了西方发达经济体数十年的繁荣，文明程度达到空前高度，其遵循的价值理念在世界范围内最大限度普及。然而，随着社会生产效率的极大提升，全球化经济趋势的形成，微观经济和宏观经济分析的局限性开始显现，并愈见明显。它们与生俱来的地域范围（国家内）和时间范围（长期、短期概念模糊）的缺陷使得其对于大量的全球性经济事件，尤其是重大事件的预测和解释显得十分苍白；对一些跨度在十年以上的社会经济变化缺乏可信的理论指导。由此一系列的补充理论和经济学派鳞次栉比，制度经济学、发展经济学、货币经济学、政治经济学、行为经济学；新古典学派、新凯恩斯学派、供给学派、公共选择学派，都或多或少在某一个领域对微观、宏观经济学进行补充纠偏或重新解释。派别林立的本身就说明主流经济理论缺失的事实。

当大量的经济行为发生在不同的国家和民族之间，旧的经济学成立的前提就逐渐消失了。如果把微观经济学和宏观经济学看作两把披荆斩棘的宝剑，原来的国家只是能够将将提起宝剑的孩童，只能任由宝剑按照自己的轨迹挥舞而无力也无须指挥它们刺向哪里。然而随着国家经济实力不断增强，国家间的差异逐渐明显，能够举起宝剑并有目的刺出的国家就会成为胜利者，获得远超自身劳动价值的利益。由此经济学分析中增加了一个至关重要的变量——人的意志，或者说大国意志。而国家意志或者称为国家战略往往跨度十年甚至更长远的时间，并且持续的作用在经济领域的各个方面，就成为自然经济因素之外的一个重要参数。

如果细致考察现代社会经济运行阶段，可以大致分为“生产—产品货币交换—货币分配—货币产品交换—消费”五大环节，而由于剩余价值的出现，在货币分配后，又生出“储蓄、投资（投机）”两大行为。图 2-1 简要诠释微观经济学、宏观经济学、战略经济学与研究对象的对应关系：

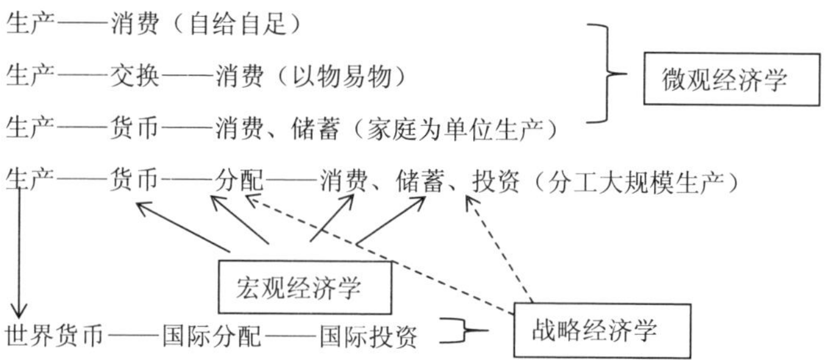

图 2-1　微观经济学、宏观经济学与战略经济学研究对象

战略经济主要聚焦在国内分配、国内投资、国际分配与国际投资领域，连接国内与国际经济的媒介是货币和汇率。国家（或者隐藏其后的利益集团）可以通过投资与分配的转移来实现战略意图。由于可用于投资的领域不断扩大，实现经济战略意图的战术组合丰富多变，既可以在传统投资市场运作（汇市、股市、期市、大宗货物交易），也可以在虚拟经济与实体经济间运作。战术手法往往会根据实际情况不断调整，衍生出数不胜数的经济策略。因此希望通过市场变化来分析战略意图的任何行为都是徒劳的，舍本逐末。只有清晰把握国家的战略地位，深入分析其最终目的，才能在乱花迷眼的境况中理出脉络，研究出对策。

第三节 经济短期、长期与战略期

经济学长期、短期的区别对许多经济问题的认识带来困惑，也是许多经济学者对同一问题产生分歧的重要原因之一。经典理论认为，微观经济领域长、短期的划分以有无固定成本为主，通俗地讲，长期中厂商可以改变厂房、设备等资产项目投入，可以自由进入、改变规模、退出某一行业，短期则面临固定成本束缚，只能通过调整劳动力需求来调节供给；宏观经济领域的长、短期则以菲利普斯曲线相关性来区别，即通货膨胀与失业率的负相关性。这里隐含着一个重要的前提——长期社会总供给不变。然而从人类历史发展，尤其近 200 年以来的发展来看，社会总供给的增长无法忽视。因此以研究经济发展与经济波动为不同目的的经济学分支相继出现，发展经济学成为古典宏观经济学之中一个充满生机的领域。

长期、短期的划分固然解决了经济学中一些棘手的矛盾问题，但在具体实践中，因为各个行业的固定成本变化周期千差万别，无法确切地落在具体时间范围内，因此并不具备可操作性。事实上很多经济学者为了方便，人为认定 1~2 年为短期，3~5 年为长期，如此划分并没有理论依据，仅仅因为经验主义的便利而已。而宏观经济表现出的周期性特征并不能用长期、短期来加以解释。其实无论长期、短期的经济学理论，都本质地忽略了一个非常重要的因素，就是人的意志。古典经济学偏向于把人定义为理性人，即每个人都会最理智地选择对自己最有利情况，因此社会达到一种动态平衡。但无可否认的是人类社会发展的任何一个阶段都会有那么一小部分人掌握比大众多得多的财富和权力，在他们意志的主导下会产生一个社会发展方向，从而干预整体经济平衡。从某种意义上说，现代经济学仅仅是在某种强势社会团体划定框架下的平衡研究。而这种框架本身也受到某种规则的影响而不断变迁，因此产生了难以用目前经济理论阐释的经济现象。为了便于分析这种力量，我们必须引入一个相对于现在经济学长、短期概念的另一个重要的时间区段，因为其带有浓厚的人为计划色彩，我们称之为“战略期”。

经济战略期是一个更加人性的概念。古典经济中的长期、短期更多表现的是自然经济下的统计平衡，不掺杂某一特定群体的主观意志。而“战略期”则是经济体中主导的人或者势力为了达到某一目的而实施某一长久措施直至完成的某一期限。它的特点是针对对手，期间更长，目的明确，措施隐蔽。在经济战略期所实施的所有经济方针的总和可以称为经济战略体系。经济战略决定大规模大范围的经济趋势，期限以数年到数十年不等，一般包括战略酝酿期、准备期、发生期、发展期、高潮期、结尾期、余波期、过渡期 8 个阶段，并不是每一个战略期都包含完整的 8 个阶段，但流程顺序大致如此。

短期的经济战略类似中国的五年计划，最近的是“十三五”规划——中华人民共和国国民经济和社会发展第十三个五年规划纲要。目标要求是：经济保持中高速增长，在提高发展平衡性、包容性、可持续性的基础上，到 2020 年国内生产总值和城乡居民人均收入比 2010 年翻一番，产业迈向中高端水平，消费对经济增长贡献明显加大，户籍人口城镇化率加快提高。农业现代化取得明显进展，人民生活水平和质量普遍提高，我国现行标准下农村贫困人口实现脱贫，贫困县全部摘帽，解决区域性整体贫困。国民素质和社会文明程度显著提高。生态环境质量总体改善。各方面制度更加成熟更加定型，国家治理体系和治理能力现代化取得重大进展[6]。

世界范围的大战略期跨度更久。进入 21 世纪，以互联网泡沫破灭、中国加入 WTO、“9·11”事件为标志的世界经济新的战略周期开始登场，而后美元持续贬值、贵金属与资产价格逐步攀升、国际大宗商品交易价格不断上涨、世界级投资热潮兴起是其发展期，到 2007 年各国股市市值、资产价格、世界原油价格上涨到历史最高值是其高潮期，2008 年开始美国次贷危机爆发，资产价格与股市市值暴跌，其后欧债危机、贵金属与国际大宗商品价格大幅下调，中国房地产调控是其结尾期，如今由于各主要国家的经济战略（尤其是美国）还没有达到预计的目标，因此并不能说这一战略期已经结束，只是临近尾声。本轮经济战略期结束的标志是：美元指数回到历史高位（120 以上），世界范围内（尤其是各新兴国家）资产泡沫破灭，美国债务大规模下降，国际大宗商品交易价格在低位企稳。结果是否如此，仍取决于参与各国的政策调整与应对策略，在不远的将来就有分晓，我们拭目以待。

注释：

［1］王翊,《鬼谷子》捭阖第一。

［2］毛泽东,《在“七大”上所作的结论》。

［3］［德］克劳塞维茨．战争论［M］．武汉大学出版社，2014 年．

［4］兹比格纽·布热津斯基．大棋局［M］．上海人民出版社出版，2010 年．

［5］市场经济（又称为自由市场经济或自由企业经济）是一种经济体系，在这种体系下产品和服务的生产及销售完全由自由市场的自由价格机制所引导，而不是像计划经济一般由国家所引导。计划和市场是资源配置的两种基本手段。在市场经济里并没有一个中央协调的体制来指引其运作，但是在理论上，市场将会透过产品和服务的供给和需求产生复杂的相互作用，进而达成自我组织的效果。市场经济的支持者通常主张，人们所追求的私利其实是一个社会最好的利益。周小川．市场经济是利率市场化的指向标［J］．市场经济，2014.

［6］《中华人民共和国国民经济和社会发展第十三个五年规划纲要》，新华网，2016-3-19.

第三章　战略经济原理

战略经济原理关乎人的意志与整体经济相互作用，是对现代经济理论十大原理的有益补充。原理一：生产率一致性（湖堤原理）；原理二：强势集团意志左右战略期经济趋势（强者原理）；原理三：文明可能性边界（危机原理）。

现代经济学体系建立了十大原理：第一，人们面临权衡取舍；第二，某种东西的成本是为了得到它而放弃的东西；第三，理性人考虑边际量。第四，人们会对激励做出反应；第五，贸易能使每个人状况更好；第六，市场通常是组织经济活动的一种好方法；第七，政府有时可以改善市场结果；第八,一国的生活水平取决于它生产物品与劳务的能力；第九，当政府发行了过多货币时，物价上升；第十，社会面临通货膨胀与失业之间的短期交替关系[1]。这十大原理涵盖了人们如何做出决策、人们如何相互交易、整体经济如何运行三个方面，是现代经济理论研究的成果和出发点。而随着人类文明进步，人在经济发展中主体作用愈加突出，在此基础上，战略经济学就人的意志与整体经济相互作用，作如下补充：

原理一：生产率一致性（湖堤原理）

1. 区域经济发展过程中生产率总是趋向于一致，但阻碍生产率一致性的因素时时存在，因此区域间生产率水平参差不齐。

2. 劳动力自由移动、资本自由移动、科学技术自由传播，是生产率一致性的动力源。自然条件、政治因素、宗教信仰、文化风俗、知识产权保护、交通运输等是阻碍生产率趋向一致的限制因素。

3. 限制性因素越少，区域间生产率水平一致性越强，消除限制性因素是经济落后地区向发达地区转变的快捷途径。

形象地说，社会生产率就像湖面一样，如果没有外在障碍阻隔，水面将会持平；如果加以堤坝分割阻拦，则不同区域的水面会保持不同的高度。纵观方今世界，湖堤原理是国家间存在贫富差距的主要原因。发达国家之间多数不存在交流的限制，包括价值观、政治体制、宗教信仰、科学技术、劳动力流动甚至语言都高度互融，如美国与西欧各国，其社会生产率（可以人均 GDP 近似表示）基本集中在 4 万 ~ 5 万美元左右（2015 年）；而发展中国家与发达国家之间则普遍存在各种交流限制，价值观、政治体制、科学技术、劳动力等诸多要素都存在很大障碍，其社会生产率差别可以达到数十倍。

为了方便衡量国家间、地区间的湖堤效应强弱，我们引入湖堤系数（hd）的概念，定义为国家间、地区间人均 GDP 的比值，例如中美之间湖堤系数（2015）hd=55904/8280=6.75；北京与甘肃之间湖堤系数（2015）hd=17143/4209=4.07。湖堤系数比较直观地反映了国家间与地区间存在的生产力各要素自由流动的障碍。

众所周知，中国经历了 30 多年高速增长的经济发展，被誉为“东方奇迹”。许多经济学者对中国经济增长叹服的同时，纷纷探究经济增长背后的动因到底是什么。以战略经济角度来分析，道理就是“湖堤原理”，也就是中国国内最常见的四个字“改革开放”。稍加解释这个过程，其实是“开放—改革—再开放—再改革”的循环。1978年，中国经历了近30年的闭关锁国，国际国内双重高筑的堤坝阻碍了生产要素的自由流动，社会生产率远低于发达国家，物资匮乏，人民生活贫困。“开放”的基本国策拆除了最大的堤坝，使得先进的生产要素可以从外部进入国内，刺激国内生产率的提升；“改革”的基本国策则不停地拆除国内存在的各种小的堤坝，使得先进的生产要素不断渗透到社会机体的每个角落。如此一轮一轮循环往复，凭借中国人的智慧、勤劳和超强的学习能力，不断提升全要素社会生产率，人均GDP从1978年的222美元提高到2008年的3313美元，实现了总设计师邓小平的经济战略目标。

20世纪70年代，以巴西、阿根廷为代表的拉美国家经历了十几年的经济高速增长，进入了中等收入国家行列，遗憾的是在之后的40多年里，这些国家经济再无起色，至今依然停留在中等收入序列，却给经济学留下了一个悲伤的名词“中等收入陷阱”。2006年，世界银行《东亚经济发展报告》界定了“中等收入陷阱”，指一个经济体的人均收入达到世界中等水平（人均GDP在4000美元~12700美元的阶段）后，由于不能顺利实现发展战略和发展方式转变，导致新的增长动力特别是内生动力不足，经济长期停滞不前；同时，快速发展中积聚的问题集中爆发，造成贫富分化加剧、产业升级艰难、城市化进程受阻、社会矛盾凸显等。

究竟是什么造就了令众多发展中国家“谈虎色变”的“中等收入

陷阱”？答案也是“湖堤原理”。随着一国经济快速发展，在国内与国际分别产生两种不同的效应。在国内由于各种原因（政治地位、经济实力、先发优势等）逐渐形成既得利益集团，他们为了维护自身特殊的利益诉求，不被大众分享经济发展成果，往往设置“进入障碍”，人为阻断生产要素自由流动，形成新的“堤坝”，比如各种垄断行业“准入机制”等；在国际由于其他“先发”国家产生被追赶的恐慌感，害怕威胁到自身地位，采取技术封锁、贸易壁垒、金融控制等手段，限制其经济发展，同样阻碍了生产要素的自由流动，形成国际新的“堤坝”。此时依靠技术引进、对外贸易为主的发展模式无以为继，只能凭借国家内生力量启动新的经济增长模式，即所谓“创新驱动”与“产业升级”，使国内生产力“水位”持续提高。如何拆除国内丛生的“利益堤坝”就成为能否突破“中等收入陷阱”的成败关键。

2014 年中国人均国民总收入达到 7400 美元。按照 2015 年 7 月 1 日世界银行的标准，中等偏上收入国家的人均国民收入在 4126 美元 ~12735 美元之间，说明中国已经进入中等收入国家的行列。近年来“反腐败”“简政放权”“允许民营资本进入垄断行业”“户籍制度改革”等一系列拆除国内“经济堤坝”的举措正在实施。关于中国能否跨越“中等收入陷阱”，习近平总书记说：“对中国而言，‘中等收入陷阱’过是肯定要过去的，关键是什么时候迈过去、迈过去以后如何更好地向前发展。我们有信心在改革发展稳定之间，以及稳增长、调结构、惠民生、促改革之间找到平衡点，使中国经济行稳致远。”[2]

原理二：强势集团意志左右战略期经济趋势（强者原理）

1. 因政治地位、经济实力的差异，人类社会存在强势集团，其从自身利益需要出发，往往制定有利于本集团的经济战略。

2. 在战略期内，本地区经济趋势被强势集团意志引领，对自然经济规律产生顺应或背离，造成经济反常波动。

3. 如区域内存在不止一个强势集团，则战略期经济趋势由其博弈结果决定，过程相对复杂，结果存在变数。

强势集团是一个因区域范围变化的相对概念。目前世界级的强势集团只有一个——美国，无论经济、政治、军事、科技都领先全球，欧盟、中国、俄罗斯、日本虽然也在经济、人口、军事、技术等领域各有千秋，但限于各自发展中的短板，无法单独与美国抗衡。研究全球经济格局和发展趋势，研究涉及全球范围的各种交易市场行为，研究国家间此消彼长的综合实力变化，只有分析清楚美国的根本利益和战略目的，才能准确把握未来动向，从而趋利避害发展自身经济。

2008年美国金融危机爆发，美国经济遭受重创，美元兑世界主要货币出现较大贬值，一时间美元崩溃论甚嚣尘上。如果放弃一切内心偏见平心静气地以战略经济来分析，就可以预见到美元可能的走势，即经历一段时间的低迷调整后重拾升势，加强其世界货币的地位。2014年美国政府经历了几次“关门”的闹剧以后，美元“如约”走上了强势上升的道路。而此时一些没有做好准备的新兴经济体国家发生恶性通货膨胀、汇率崩盘、资产价格大幅贬值。同样的市场经济规律，为什么美国和其他国家会得到不同的结果呢？道理就在强者原理。

第二次世界大战以后，布雷顿森林体系确定了美元的“世界货币”地位，美元与黄金挂钩、各成员国货币与美元挂钩，并通过国际货币基金组织与世界银行两大国际机构辅助施行。1973 年，布雷顿森林体系解体，各国开始实行浮动汇率制，令人诧异的是最终不是美元而是黄金退出了世界货币的舞台。20 世纪 70 年代，由于石油危机美国经历了最严重的滞涨时期，经济衰退、美元贬值，然而结果也没有影响美元世界货币的地位，反而因为里根新政重获经济增长，重树了世界各国对持有美元的信心。其后又发生几次石油危机事件、日本经济快速增长冲击、海湾战争、欧元区成立、“9・11”事件、伊拉克战争等种种不利影响，美元都有惊无险安然度过。反观与其竞争的国家，苏联 1991 年解体，国家货币卢布贬到一文不值；日本 1993 年陷入经济停滞与衰退，至今一蹶不振；2009 年爆发的欧债危机，欧元区至今面临解体的危险。从战略经济角度分析，美元是美国核心利益，是强者意志的集中体现。作为一张没有任何自身价值的负债凭证，美元依托的是美国政治、经济、军事、科技实力领先全球的优势，是美国对世界政治格局、经济发展、地区安全的引领作用。为了捍卫美元世界货币的地位，美国不惜发动战争，采取一切光彩或不光彩的手段，又怎么能用普通的经济规律来预测美元的命运呢？货币超发就贬值，引起国内通货膨胀对美元来说似乎是免疫的，历史上美元每一次大的波动周期结束，最终获利的总是美国。如果不出现全面战争导致美国丧失世界领袖地位，美元就不可能退出世界货币舞台。这对世界其他国家来说确实算不上好消息。

国家内部也是如此。一些关系国家强势集团核心利益的经济现象可以在一段时期内悖逆经济规律存在。例如 20 世纪 90 年代初期的日本、今天的中国房地产。如果仅以供需平衡决定价格来判断，怎么也无法理解其价格远远偏离价值的商品属性。房地产价格不断上涨的趋势恰恰是本地区强势集团（开发商、银行、地方政府）意志引领的结果，是他们政治、经济核心利益的体现，同时也是维持表面经济繁荣、带动经济增长的辅助工具。既然如此，房地产价格是否可以永远增长罔顾调整呢？历史证明并非如此。当另一个更加本质的核心利益受到危害，或者有更强势的集团介入的时候，情况会发生急剧逆转，这就关系到战略经济的第三个原理。

原理三：文明可能性边界（危机原理）

1. 由于自然条件、生存繁衍、律法道德、科学技术等条件限制，人类社会在任何时期都存在经济发展不能逾越的界限，即文明可能性边界。

2. 人类社会文明程度越高，文明可能性边界相对越低，经济发展受到的限制越严格。

3. 触碰到文明可能性边界的经济发展一般会导致严重的危机。

在古典经济学生产理论中有关于生产可能性边界[3]的研究。它也是现代国际贸易理论的基础。生产可能性边界用来表示经济社会在既定资源和技术条件下所能生产的各种商品最大数量的组合，反映了资源稀缺性与选择性的经济学特征。

生产可能性边界通过对两种产品极限替代的方法考察各种商品最大数量组合，是古典经济学中常用的方法，但是其假设前提过于严苛，而且回避了人作为生产输出主体对生产产品的种类和数量产生的决定性作用。现实社会中生产可能性边界如果存在，也一定服从于人的最大生产输出，服从于权力意志下的输出方向，服从于管理组织效率最优化下的潜在能力，绝不仅仅是资源稀缺性所能选择决定的。为了弥补这种缺陷，传统理论只能通过生产可能性曲线的移动加以解释。

文明可能性边界其实秉承了这种极限思维的方式，所不同的是无论掺杂怎样的人为意志，文明可能性边界都是不可逾越的鸿沟。其实质是除了保持必要的生存繁衍需求外，把全社会所有符合条件的人力、财力、物力用于某一领域所达到的最大效果。例如战争总动员，又或者完成一项史诗性的工程——埃及大金字塔、中国万里长城。随着文明的进步，那种不顾生命、不计劳动时间的做法已经消失，环境保护、人权保障、法律道德、科学技术构筑了新的文明可能性边界。

一般来说，遵循自然规律、经济均衡发展的社会是不太可能触碰到文明可能性边界的，但正是因为强者意志的存在，往往出现经济结构失衡甚至社会格局剧变的情况，发展到极致就会触碰到文明可能性边界。轻者造成经济危机、社会动荡，重者引起战争、政权更迭。20世纪的两次世界大战以及历史上多次王朝更迭莫不如是。近几十年来世界范围的历次金融危机、经济危机也都是因为某些领域畸形发展引起的。为了避免危机的发生，宏观经济领域诞生了一些描述指标，像GDP、CPI、PPI、PMI、基尼系数等等。然而这些指标的统计本身就带有人为色彩，受到强势集团意志的左右，因此在真正发生危机前，其起到的预警作用极其有限甚至相反。

文明可能性边界不是一条曲线，而是一个完整的封闭空间，从各个角度都不能触碰的曲面限制。正是文明可能性边界的存在，任何一个领域都不会无限制地发展，中国有句古语“物极必反”就是这个道理。20世纪90年代日本房地产泡沫的破灭是一次明证。（见附录V）

注释：

[1] 格里高利·曼昆.经济学原理（第一篇第一章）[M].工业出版社，2006.

[2] 习近平.《出席亚太经合组织领导人同工商咨询理事会代表对话会的讲话》，2014年。

[3] 生产可能性曲线，一般需作如下假设。

（1）固定的资源。在一定时间上，可供使用的各种生产要素的数量是固定不变的。

（2）充分就业。在现有生产过程中，所有的生产要素均得到了充分使用，不存在着资源闲置。

（3）生产技术。在考虑问题的时间范围之内，生产技术，即由投入转化为产出的能力，是固定不变的。

（4）两种产品。为了简化问题起见，通常假定某一经济仅生产两种产品。

从图3-1可看出，生产力可能性曲线是一条斜率为负且凹向原点的曲线，其经济含义可作如下解释。

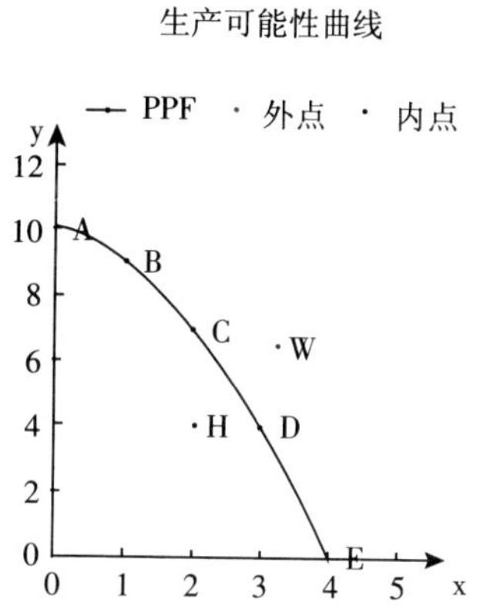

图 3–1　生产可能性边界

第一，生产可能性曲线揭示了稀缺法则。任何经济不可能无限量地生产。图中的w点便代表着在现代条件下不可能实现的产量组合。

第二，任何一个经济必须做出选择。但不可能有同时选择二个不同的点。同时，决定了在生产可能性曲线上的某一点进行生产就意味着决定了资源的配置。

第三，选择就要付出代价，选择就有机会成本。在生产可能性曲线上任意点的斜率就代表着该产量水平上 x 的机会成本，其斜率为负表明要增加一种产品的生产势必要减少另一种产品的产量。

第四，具有凹性的生产可能性曲线反映了"机会成本递增法则"。它是指随着 x 的产量增加，每增加一个单位的 x 产量所需放弃的 y 产量呈递增的趋势，或者说，x 的机会成本随其产量的增加而递增。

第五，生产可能性曲线可以说明资源配置的效率。某种资源配置有效率是在其所能达到的最高技术水平之下，即只能通过减少其他产品的产量来增加某种产品产量，而不能通过提高技术水平来增加其产量。生产可能性曲线上的任意一点都隐含着这样的条件。

[4] 尹伯成 . 西方经济学简明教程（第 8 版）[M]. 上海人民出版社，2013.

第四章　战略经济方法

核心利益是各个国家、各个阶层制定经济战略、执行经济方针的根本出发点，因此核心利益判定是战略经济最基本的分析方法。国情分析、经济战略总纲、经济发展与竞争战略、经济领域战略四个层面构成战略经济制定框架。

第一节　核心利益分析

核心利益是各个国家、各个阶层制定经济战略、执行经济方针的根本出发点，因此核心利益判定是战略经济最基本的分析方法。国家利益是指“一个国家（民族）生存和发展的总体利益，包括一切能够满足国家（民族）全体人民物质与精神需要的东西。在物质上，国家需要安全与发展，在精神上，国家需要国际社会尊重与承认”[1]。按照利益的重要程度，可以将国家利益划分为核心利益、重要利益和一般利益。所谓国家核心利益就是指“国家利益结构中处于核心位置的部分，涉及国家的生存、独立和发展三个方面的利益需求。生存是国家存在的前提，内容包括保证领土的完整、主权的统一和国家的安全，在统治范围内建立有效的政治和法律秩序，通过有效地资源汲取和分配，为公民提供基本的权利和福利；独立涉及国家的政治自主，主要指国家独立自主地选择意识形态和政治制度、在政治上拥有排他性的国家方针政策的决策权；发展事关国家实力的增长和民众的福祉，主要指国家通过把握成长的机会，实现国家在经济、社会、文化等领域的发展目标，不断提升国家在国际体系中的地位”[2]。

在现实中，国家核心利益保障是通过社会强势集团制定的政策措施来完成的，实施过程中也必然带有集团核心利益的色彩。社会强势集团并不是凭空诞生，也来源于社会优胜劣汰的选择过程或者历史继承，其价值观应该符合特定历史时期的社会基本价值观，并利用自身地位产生主流价值引领作用。在经济领域，社会强势集团对内对外的核心利益表现为三个层面：第一，以相对较少的代价获得超过普通水平的物质与精神产品和服务；第二，巩固本集团的政治经济地位，持续获得上述利益；第三，扩大各种资源的掌控范围，获取更大的权利优势。有的集团因为历史、区位或者信仰的区别还会产生特殊的核心利益，应当具体分析。一般来讲社会强势集团应当是国家、地区利益的代表，坚定不移地维护国家核心利益，但有时其为了保全自身利益做出罔顾国家核心利益的行为，往往导致灾难性后果，最终丧失自身的政治地位，清末的满清政府就是前车之鉴。从集团核心利益出发，往往可以排除纷繁复杂的经济乱象，揭示出隐藏的真实意图。

中国与美国是当今世界最大的两个经济体，由于历史发展道路不同，两个国家治理社会的核心利益又存在根本区别。中国社会治理的核心是“政权”，社会治理的基本思路是领土—治民—财富，这与中国数千年的文明历史息息相关。美国社会治理的核心是“财富”，社会治理的基本思路是财富—公民—领土，这与美国从殖民地建国，各派势力组建联邦政府的历史密不可分，独立宣言、三权分立等基本施政纲要与施政体系都反映这种思想。在面临重大社会危机时，两国从自己的核心利益出发采取的应对措施有本质区别，表现出的社会现实也相差甚远。中国由于地域间相对封闭，在危机发生时往往表现出局部经济崩溃，以牺牲局部利益来保证国家不发生全局性危机，然而一旦区域承担不了这样的社会后果就会引发骚乱，严重的会导致群雄并起，军阀割据，产生颠覆性后果。美国由于人与财富流动性强，局部危机很容易转变为全局性震荡，引起全社会变化，由全社会来分担局部区域或行业的危机后果，结果是全局动荡时有发生，但程度一般不会危及到社会治理方式，尤其两党轮流执政的民主形式最大限度化解转移国内矛盾，获得相对长久的稳定发展时间。（就这两种社会组织形式来分析目前面临的全球经济格局，两国经济战略的目标与最后可能的结果，我们可以窥见端倪。）

首先分析美国经济战略的目的。第一，维护美元世界货币地位，以之干预、控制世界经济发展趋势，获得超额经济利益。由于美元特殊的世界货币地位，美国的经济发展区别于任何一个国家。它不断向世界输出美元以维持世界贸易正常进行，同时也产生大量的国际债务。在输出美元就可以无偿获得全球产品与服务的同时，债务积累会阻碍美国生产效率提高，影响经济发展，因此美国必须定期清空所欠债务，才能获得持续发展；第二，牢固树立世界领袖的形象和地位，在全球维持有利于其攫取财富的经济环境。由于长期实行赎买国民的民主政治体制（两党为了竞选需要，往往许诺更高的福利等政策），美国国民实际创造的财富日渐短缺，但其享有的生活福利未见缩减，要维持并改善现有生活状态，必须通过一种经济模式源源不断地从其他国家或地区攫取财富。这就是形成过去 20 年中国制造而美国借债消费的畸形经济模式的根源；第三，适度消除一些敌对政权（武力入侵、军事干预）或削弱不同意识形态国家的经济实力和政治影响力（经济封锁、舆论讨伐），消除隐患，巩固世界领袖地位，增强全球话语权。20 多年间，两次海湾战争、侵占南联盟、阿富汗战争、侵占伊拉克等一系列军事行为，制裁伊朗、朝鲜、叙利亚、俄罗斯等一系列经济制裁行为，就是美国为实现其战略目标采用的各种手段。综合分析美国具有如下优势：第一，军事实力领先世界，可以凭借强大的武装力量在世界范围维护自己的经济利益并干扰对手经济发展；第二，美元作为世界货币被大多数国家用于贸易结算和储备货币；第三，输出民主自由的核心价值观，在世界范围广结盟友，营造良好的外部环境。美国这一个经济战略期的目标仍在推进实现中。

再来分析中国经济战略的目的。第一，维护社会稳定，牢固执政基础。经济发展是考量政府执政能力最直观的指标，中国经历百年战乱而重生，外敌入侵、军阀割据、民不聊生的历史清晰地表明一个强有力的中央政权的重要性。结合中国历史，经济发展的首要目的是获得国民拥护，维护政权稳定。第二，改变百年积弱的国际形象，树立国际声望与威信。经济发展是现阶段中国民族复兴的唯一道路，是融入国际社会，获得国际尊重的重要方式。中国重返联合国以来，一直是第三世界国家的代表，主张的“和平共处、五项原则”也一直受到发展中国家的拥护。但是中国的核心价值观要想获得更广泛的认同和支持，必须搞好自身的经济建设，让自己的人民过上温饱富足的生活，才能在国际上产生示范性效果，从而获得其他国家的尊重和效仿。第三，在东亚、东南亚、中亚等地区产生号召力，维护周边和平与地区大国的尊严。历史上周边地区是中国传统的势力范围，也是中国稳定发展所需要的外部环境，更是相互贸易往来、互通有无的重要伙伴，因此东亚、东南亚、中亚是中国对外交往的重要支点，也是经济发展的重要外部目标。今天国家实施的“一带一路”战略就是具体表现。为了实现上述目标，中国具有三点优势：第一，强大有力的军事力量。中国人民解放军是一支能征善战的部队，经历过抗日战争、解放战争、朝鲜战争等战火洗礼，往往以弱胜强，保护国家利益。如今开展以争取胜利为目的的军事改革，更突出了保护国家核心利益不受侵犯的作用；第二，国内和平稳定的生产环境，不断积累的科技创新能力与制造业大国的世界性生产能力。2015 年全球制造业产出小幅增长约 2.8%，中国超过美国，成为世界第一大制造业国家[3]。中国在钢铁、煤炭、水泥、造船以及冰箱、空调等许多工业品生产领域占据世界第一；第三，30 多年改革开放积累的社会财富以及集中使用财富的控制能力。截至 2016 年 10 月中国有 3.12 万亿美元的外汇储备以及 145.5 万亿元人民币存款（央行统计），经济实力在全球屈指可数。中国经济的战略目标也具备很强的实现可能性。

面对目前全球性经济衰退，中美两国的经济战略目标既有合作，又有抗衡。在第一个层面，中国通过消解美债而解决国内危机，美国承认一个中国的国际地位；在第二个层面，中国积极消除威胁论影响，全面介入国际事务，认可美国世界经济龙头地位，在全球发展的许多领域与美国达成共识并开展合作；在第三个层面，中国东亚崛起战略与美国遏制中国战略有根本冲突，这就是目前南海危机、钓鱼岛危机、“台独”势力危机的源头。因此要解决周边地区争端，依然要放眼全球，理清经济发展思路，才能找到理想的方案。

第二节　战略经济体系

19 世纪 50 年代，战略思想系统地进入企业管理领域。1954 年被誉为“现代管理学之父”的彼得 · 德鲁克就提出了企业的战略问题，“我们的企业是什么，它应该是什么？”，战略的核心明确为企业远期目标和中近期目标；1962 年艾尔弗雷德 · D. 钱德勒在《战略与结构》中将企业经营战略定义为“决定企业的长期目的和目标，并通过经营活动和分配资源来实现战略目标”；1965 年肯尼斯 · 安德鲁斯在《经营策略：内容与案例》中认为“企业总体战略是一个决策模式，决定和揭示企业的目的和目标，提出实现目的的重大方针与计划，确定企业应该从事的经营业务，明确企业的经济类型与人文组织类型，决定企业应当对职工、顾客和社会做出的经济的与非经济的贡献”；1984 年伊戈尔 · 安索夫提出

“战略基本上是一整套用来指导企业组织行为的决策准则”[4]，他认为经营战略的内容由四个要素构成：产品市场范围、成长方向、竞争优势和协同作用。他把企业的决策划分为战略的（关于产品和市场）、行政的（关于结构和资源调配）和日常运作的（关于预算、监督和控制）三类。战略管理学的发展充分体现了战略观念对微观经济领域中企业组织运营的深刻影响。

战略经济是国家层面的管理体系，与企业层面的战略管理既有相通，又有不同。相通之处在于：无论战略经济还是战略管理，在战略制定与战略实施的流程上并无二致，适用于战略管理的企业内外部环境分析（包括波特的竞争力模型、SWOT 分析等模型方法）、竞争战略与竞争优势（包括基本价值链分析、位次竞争战略等模型方法）、目标市场与市场营销战略等思维方式同样适用于战略经济中国家之间的经济战略制定与战略实施；不同的是，由于战略经济关乎国家命运，涵盖政治、军事、科技、环境等多种变量，关系国际金融、国际贸易、资产配置等多个领域，要素更加复杂，影响更加深远，因此其战略制定与战略实施更加慎重隐蔽。另外一些突发的小概率事件也会对经济战略产生难以估量的影响，因此应当做好战略实施失败的风险分析与物质准备。

一、经济战略制定

战略制定体系包含四个层面：国情分析、经济战略总纲、经济发展与竞争战略、经济领域战略，这四个层面构成战略经济制定框架。国情分析是指国内国际环境分析，通过宏观、微观经济领域等各项指标系数比对，必要时还必须考虑政治、军事、地缘等诸多要素，预判战略实施的可行性；经济战略总纲是指从核心利益出发建构的国家整体经济战略，比如中国的“三步走战略”——第一步目标，1981—1990年实现国民生产总值比1980年翻一番，解决人民的温饱问题，这在20世纪80年代末已基本实现；第二步目标，1991年至20世纪末国民生产总值再增长一倍，人民生活达到小康水平；第三步目标，到21世纪中叶人民生活比较富裕，基本实现现代化，人均国民生产总值达到中等发达国家水平，人民过上比较富裕的生活[5]。经济发展与竞争战略是指在执行层面为实现经济战略总纲而细化的策略方针，比如改革开放、创新驱动发展战略；经济领域战略指的是国家宏观经济各重要领域层面的战略，比如货币战略、国际贸易战略等。这四个层面相互关联、层层细化，构成一个完整的逻辑体系。

国情分析的内容是经济战略制定的基石。国情是指一个国家在一定时期内的社会性质及其所处的社会发展阶段，是历史文化传统、自然地理环境、社会经济发展状况以及国际关系等各个方面的总和，自然地理环境主要包括国土面积、地形、气候、自然资源状况；社会经济发展状况包括人口人力状况、经济发展状况、政治状况、文化状况、社会建设状况、生态状况；国际关系包括国际一般形式、国际形势大气候、与其他国家关系等；历史文化传统包括传统思维方式、传统价值观、传统心理等。制定经济战略应当充分了解自身与对手的综合实力，需要对以上内容进行深入的研究比较。国情分析的所有内容还需要考虑与整个战略经济制定体系后三个层面的实际联系，务必要根据国家的本质需求来设定，不能采用一成不变的固定模式，更不能仅仅进行资料和数据堆砌，这样会导致分析结果缺乏逻辑或前后矛盾，并且与后面的战略内容丧失有效关联。

经济战略总纲确定未来战略期的发展目标，是战略经济中最重要的内容。制定经济战略总纲必须通盘考虑国家的基本国情、发展方向以及实现能力，既包括经济发展的整体目标，也包括各经济领域具体工作的目标。科学有效的经济战略总纲必须具备以下条件：第一，符合国内强势集团经济发展要求。第二，符合实际国情。第三，具有可实现性。第四，能够分解到经济各领域的工作中去，形成经济发展的目标体系。第五，目标表述必须清楚明确，与经济现实工作相对应。当然这些内容之间也需要前后连贯的逻辑性，并且要以国情分析为依托。另外，要慎重分析其他国家（主要是对手国家）的经济战略，制定有针对性的战略措施与应对预案，这是战略互动性与对抗性的基本要求，也是和平时期容易忽视的重要问题。

经济发展与竞争战略涵盖了国家在战略期中采取什么方式发展经济以及参与国际竞争的战略考虑。它既要依托于国情分析，又要基于经济战略总纲来制定。它需要进一步切实明晰经济战略总纲所确立的国家经济发展基本目标与竞争优势是什么，以实现这些竞争优势为目的，需要采取什么样的行动纲领。1991 年迈克尔·波特提交给里根政府的《国家竞争优势》报告提出“取得国家竞争优势的关键在于国家是否有合适的创新机制和充分的竞争能力”。波特认为“国家经济实力不可笼统而论。一个国家可以在某些行业遥遥领先，但同时在其他行业远远落后。国际商务应当回答的问题是，一个国家的经济、社会、政法环境如何影响各个行业的竞争力的问题”，并提出了“国家竞争优势四因素”钻石模型：

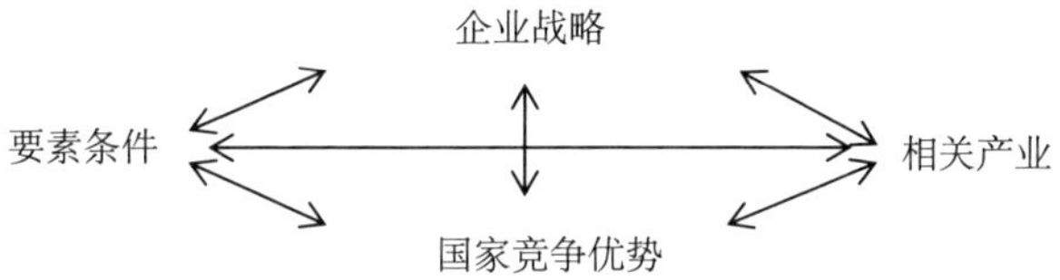

图 4–1　国家竞争优势“四因素”模型

“四因素”模型表明，企业所面临的国内经济环境制约影响企业开发其竞争优势，其中影响最大、最直接的是四项，即生产要素、需求情况、相关产业以及企业组织战略和竞争程度。一个国家的众多行业中，最有可能在国际竞争中取胜的是国内“四要素”环境特别有利的那些行业。此外政府的作用和纯粹偶然性的因素也会起相当的作用。中国制定的《国家创新驱动发展战略纲要》就是经济发展与竞争战略的纲领性文件。（见附录 VI）

经济领域战略是从经济战略总纲出发围绕国家经济各重要领域层面分析需要做什么，以及采取何种方式去做的指导方针。国民经济命脉是指对社会经济发展具有重大影响的部门、企业和资源。关系国民经济命脉的行业包括：涉及国家安全的行业、支柱产业和高新技术产业中的重要骨干企业、提供重要公共产品的行业、重大基础设施和重要矿产资源行业等。在经济战略总纲、经济发展与竞争层面的战略确定之后，经济各领域层面要相应进行设计和调整。经济领域战略所涉及的范围、重点以及内容深度都需要结合经济战略总纲、经济发展与竞争层面的战略内容以及国家的核心利益仔细考量。制定经济领域战略时，需要反复推敲两个问题：这样是否有助于实现总体经济战略目标，是否有助于促进经济发展与竞争层面的战略施行。德国近年来推行的《工业 4.0 战略》就是制造业领域经济战略的纲领性文件。（见附录 VII）

二、经济战略实施

经济战略实施是战略经济最复杂的阶段，任何战略不经过实施都是“纸上谈兵”。由于战略经济关系国家未来数十年的经济发展，其间可能经历国内外环境的剧烈变化，在实施过程中必须审时度势、因地制宜地做出局部调整，才能保证整体战略目标的实现。更有甚者，以赢得国家间经济对抗为目标的经济战略，还要佐以政治、外交、军事等各种手段，跨度更长，过程更加曲折难解，比如二战结束后美苏之间长达 44 年的“冷战”。

一般经济战略实施可以划分为四个阶段：

1. 战略准备。通过舆论宣传、教育培训、组织体系有效调动起国民实现新经济战略的积极性和主动性，使大多数人逐步接受新的思想、新的观念、新的战略。对应外在表现为战略酝酿期、准备期。

2. 战略发展。将经济战略总纲分解为不同经济领域、不同阶段的目标，相应的有每个阶段的政策措施、局部策略以及相应的方针等。对各分阶段目标进行统筹规划、全面安排，并建立控制系统监控成果、评估偏差、纠正偏差。对应外在表现为战略发生期、发展期。

3. 战略高潮。随着经济战略深入执行，社会效果逐步显现，各种隐藏的内部、外部矛盾集中爆发，各种经济现象层出不穷，各种思潮大量涌现。此时必须坚持经济战略总纲的既定目标，排除一切外在干扰，坚定不移地推动战略实施。对应外在表现为战略高潮期。

4. 战略结尾。经济战略目标基本实现，全面评估整个战略期的得失以及战略执行过程中的经验教训，根据新的国情变化，研究制定新的经济战略。对应外在表现为战略结尾期、余波期、过渡期。

注释：

[1] 玉晚楼 . 国家利益 [M]. 文化艺术出版社，2010 年 .

[2]《如何界定国家的核心利益》. 人民网，2013-2-4.

[3]《工业数据年鉴——2016 年版》，联合国工业发展组织 .

[4] 安索夫 .Strategies for Diversification：Harvard Business Review，1957.

[5] 1979 年，邓小平会见前日本首相大平正芳时提出。

第五章　生产与消费

人为什么生产，如何生产，生产什么？人为什么消费，如何消费，消费什么？这些看似简单的问题几乎构成了经济学的全部内容，每一个社会形态、每一个国家、每一个组织、每一个人都有自己的答案。

生存与死亡是哲学中的一个永恒话题。生产与消费则是经济学永远离不开的探究。人为什么生产，如何生产，生产什么？人为什么消费，如何消费，消费什么？这些看似简单的问题几乎构成了经济学的全部内容，每一个社会形态、每一个国家、每一个组织、每一个人都有自己的答案。在战略经济中，一个国家或者地区生产和消费行为，既是发展本地经济、壮大自身实力的途径，又是与对手相竞争相抗衡的基础。提高自身生产效率，提高消费水平，同时抑制对手的生产能力，误导其消费，都可以达到战略制胜的目的。因此有必要从战略的眼光看待它们。我们先看一下现代经济学中生产与消费的概念。

生产在经济学里指人们创造财富的过程。微观经济学的生产是制造消费物品和劳务的行为，是利用各种要素合成产品的过程。生产管理学认为生产是社会组织将资源输入转化为产品输出的过程。消费在经济学里指利用产品满足人们各种需要的过程。它是社会再生产中的最终阶段，是“生产过程以外执行生活职能，恢复人们劳动力和劳动力再生产必不可少的条件”[1]。

随着时代变迁与文明进步，生产与消费的内涵都发生了改变，为了更好地诠释这种变化，我们把以满足人类生存和繁衍必需的生产与消费行为记作 A，把以满足人类各种其他需求所进行的生产与消费行为记作 B，则对应于文明发展，从原始社会的 A>B，到现代社会的 A<B，A 所占比例越来越小，B 所占比例越来越大。其间 A 的绝对数量也在增加，但是（A+B）的增长速度更快，A/（A+B）呈现持续下降趋势。在生产领域，世界三大产业的划分与变化趋势直接证明了这一观点。到目前为止，发达国家第三产业的产值和就业人口的比重一般都在 50% 以上，成为规模最大、增长最快的产业。而在发展中国家除新兴工业化国家和地区以外，总的说来其产业结构层次都相对落后，转变的进程也不快。但从变化趋势看，发达国家同发展中国家基本上是一致的[2]。在消费领域，恩格尔系数[3]与恩格尔定律[4]也侧面证明了上述趋势。推而广之，一个国家越穷，每个国民的平均收入中（或平均支出中）用于购买食物的支出所占比例就越大，随着国家的富裕，这个比例就呈下降趋势。由此说明现代文明中生产与消费行为具有更强的人为选择主动性，为了适应这种变化的需要，突出人作为经济主体，具有主动意志的特殊意义，我们不妨从现代文明的角度重新审视生产与消费。

数字时代人工智能的发展让人们重新定位“机器”。1997 年 5 月，世界象棋冠军卡斯帕罗夫以 2.5∶3.5 输于改进后的 IBM 人工智能“深蓝”，2016 年 3 月世界围棋冠军李世石以 1∶4 输于谷歌人工智能“AlphaGo”。也许不久的将来我们将把能够自我学习的“智能机器人”

视作一个新的物种，给它的各种行为赋予人类精神意义，比如下棋、做饭、开车、生产，我们会认为那是“智能机器人”的一种功能。同理，如果我们把人本身看成一个有自主意识的智慧“有机机器”，那么我们也可以重新定义经济学生产与消费的概念。

第一节　生产的本质

生产是个体人的一种输出方式。

这种类似于哲学的讨论令人着迷。从“有机机器”角度出发，个体人大概有四类主要的输出方式：第一类是思想，思想是人区别于其他动物或者机器的根本，包含智慧、知识、情感、技能等人类特有的能力。思想输出使人在各个历史时期创造出丰富的精神文化，使人类文明薪火相传；同时思想输出也是人类社会区别于动物种群的本质特征，是社会意识、社会形态、生产关系形成的基础。现代经济学建立理论的基石——理性人假设就是建立在人思想输出合理性基础上的。第二类是生产，生产是人类种族繁衍、创造精神和物质产品的过程，狭义的生产是人的有效劳动，是社会财富的根源，也是经济发展的起点。一般来讲，经济学的生产集中在物质与服务领域，效率可以计算，产品可以用数量和质量来衡量，所谓经济发展则是社会产品与服务不断增长的过程。第三类是破坏，破坏是战争、犯罪等负面行为的总称，是对生产的否定与产品的消耗。破坏颠覆了生产关系与生产过程，造成社会秩序和经济的倒退，但人类历史进程也表明破坏是新的社会模式和行为模式形成过程中的重要环节，不破不立，去旧迎新。第四类是管理，管理既是对个体行为，也是对群体行为的约束，可以调整人的行为方向，放大或者减小人的行为后果。社会管理、经济管理、军事管理、企业管理、生产管理等涵盖各个领域的管理行为左右着社会发展进程。图 5-1 是对四种输出方式的概括。

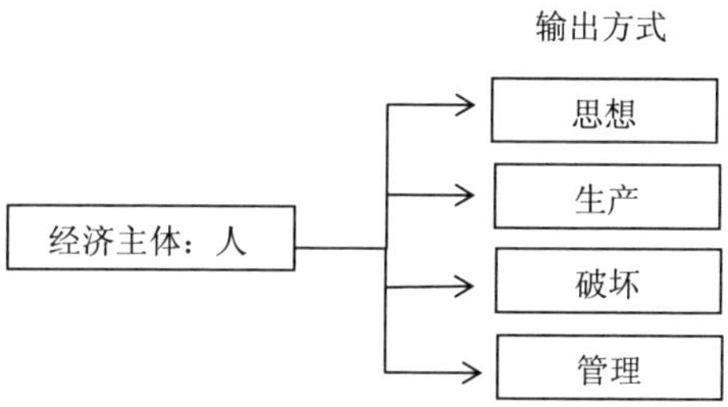

图 5-1　人的四种输出方式

从新的视角观察，人输出生产获得生存与享乐。这是生产的最初目的，也是生产的战略原点。区别于其他动物捕食生存，人利用环境、改造环境，应用智慧、通过劳动获得更好的生存条件，在这一过程中不断推动族群壮大。纵观历史，几大人类文明体系的发展大体经历了原始社会、奴隶社会、封建社会、资本主义社会几种形态。而社会形态发生更迭的标志无不是人的生产方式发生重大而深远的变革，人的生产输出效率得到长久而有效地提升。这也成为衡量社会形态进步还是腐朽的标准。历史进程表明：先进替代落后、文明替代野蛮，无论经历战争、革命还是改革，推动生产效率提高的就保留，阻碍生产效率提高的就淘汰，方向不可逆转。

种族、国家、阶层间出于争夺资源、财富而发生战争，生产是赢得战争胜利的又一个目的和保障。古今中外关于生产与战争关系的论述不绝于耳，孟子说：“兵马未动，粮草先行。”孙子说：“兵法：一曰度，二曰量，三曰数，四曰称，五曰胜。”英国的富勒说：“缺乏工业、制造能力和机动车辆的国家将无力抗击外国的入侵。”[5]都阐明了生产能力对战争的胜负有直接和客观的重要影响。第二次世界大战时，美国军工生产已经达到年产4万架飞机、2万辆坦克的能力，从1941年12月日美太平洋战争爆发开始，到1945年8月日本无条件投降为止，美国总共生产了147艘航空母舰，完全掌握了制海权，并以其强大的生产能力为盟国提供了大量的军事物资，成为赢得战争的有力保障。

现代世界主流是和平与发展。生产作为人对社会的一种有效输出，其输出效率的高低是经济发展的关键。一般来讲，生产效率高的社会物质丰富，人民富足，生活安逸；生产效率低的社会物质匮乏，人民贫困，生活艰辛。生产效率的提升直接关系到社会结构和组织形式，产生适应其发展的社会形态。近代出现的生产组织形式的演进，就是一部生产效率不断提升的组织模式演进史。工业革命以后，人类社会逐渐形成以公司形式为生产经营基本单位的结构模式。企业发展由自由竞争占市场统治地位，逐渐形成垄断竞争、寡头垄断，直到今天跨国公司占据市场领先地位。如果遵循这样的脉络分析，就会发现企业对资源配置越来越优化，直到形成全球范围的资源调配能力。

对于现代企业运营来说，生产效率并不是一味提高单位产能，这种情况只在供销两旺的时候才有现实意义。更多情况下，销售、运输、资本充裕程度都是必须面对的限制条件。因此企业组织的生产效率是一个综合指标。从自由竞争到跨国公司的变化随之而来的是企业的制造效率、销售效率、管理效率、资金运用效率越来越高。而信息技术的快速发展又为世界范围内的生产、供应、销售组合提供了实现手段，促进了全球资源有效配置，极大提高了人的生产输出效率。这是一种前所未有的文明进步。

第二节　生产理论

微观经济学对厂商的生产有细致详尽的研究，并提出生产函数[6]的概念。本书的重点不在生产理论公式推导过程，而在关注其得出的结论。首先生产理论发现了边际收益递减规律（亦称为“边际成本递增规律”）与生产可能性边界，这与战略经济原理中的文明可能性边界一脉相承，是国家和组织制定生产战略必须遵从的限制；第二，其推导出生产的合理区域，即平均产出（AP）递减，边际产出（MP）递减且大于零的阶段，总产出增加但速度放缓，这是制定生产战略应当谨记的内容；第三，生产理论推导出生产要素的最优组合条件是各要素的边际替代率与其成本价格比例相等；第四，生产理论发现了规模经济。以上两点是国家和组织实行生产战略的措施原则。

因为历史局限性，微观经济学生产理论亦有不足，对于仅仅需要增加劳动力或者资本投入就能决定产业规模和利润水平的简单生产（姑且这样命名）来说，这样的研究是合理的。然而在现代企业运作的过程中，又有多少是依靠这样的简单生产就能够生存和发展呢？生产效率以及组织方式的前提已经发生质的变化，真正涉及人工制造的比例很低，传统理论中强调的逻辑关系——资本与劳动的权重越来越低，而被其忽略的前提——土地与企业家才能逐渐成为决定企业发展的关键要素。

在世界500强企业（2016年）中，前20位分别是卖场零售、石油、电力、汽车、金融、大宗商品与矿业、电子等，传统意义上仅仅依靠劳动力制造的企业没有一家。而在其庞大的全球生产体系中，各级各类管理、研发人员的需求与支出占了大部分比例，成为企业发展不折不扣的中流砥柱。只有深刻认识这种变化，全方位应用生产函数Q=f（L、K、N、E）进行分析才能得出符合现代实际的结论。而企业家才能正是制定企业发展战略的核心，体现了人对生产输出的决定作用。

表 5-1 2016 年世界 500 强企业排行榜（前 20 位）[7]

排名	企业名称	营业收入	利润	国家
1	沃尔玛（WAL-MART STORES）	482,130	14,694	美国
2	国家电网公司（STATE GRID）	329,601.3	10,201.4	中国
3	中国石油天然气集团公司（CHINA NATIONAL PETROLEUM）	299,270.6	7,090.6	中国
4	中国石油化工集团公司（SINOPEC GROUP）	294,344.4	3,594.8	中国
5	荷兰皇家壳牌石油公司（ROYAL DUTCH SHELL）	272,156	1,939	荷兰
6	埃克森美孚（EXXON MOBIL）	246,204	16,150	美国
7	大众公司（VOLKSWAGEN）	236,599.8	-1,519.7	德国
8	丰田汽车公司（TOYOTA MOTOR）	236,591.6	19,264.2	日本
9	苹果公司（APPLE）	233,715	53,394	美国
10	英国石油公司（BP）	225,982	-6,482	英国
11	伯克希尔—哈撒韦公司（BERKSHIRE HATHAWAY）	210,821	24,083	美国
12	麦克森公司（MCKESSON）	192,487	2,258	美国
13	三星电子（SAMSUNG ELECTRONICS）	177,440.2	16,531.9	韩国
14	嘉能可（GLENCORE）	170,497	-4,964	瑞士
15	中国工商银行（INDUSTRIAL & COMMERCIAL BANK OF CHINA）	167,227.2	44,098.2	中国
16	戴姆勒股份公司（DAIMLER）	165,800.2	9,344.5	德国
17	联合健康集团（UNITEDHEALTH GROUP）	157,107	5,813	美国
18	CVS Health 公司（CVS Health）	153,290	5,237	美国
19	EXOR 集团（EXOR GROUP）	152,591	825.3	意大利
20	通用汽车公司（GENERAL MOTORS）	152,356	9,687	美国

第三节 生产决定

生产作为人对社会的正向输出，如何促使更多的人做出从事生产的决策，全方位地提高社会生产效率，是发展经济的根本出发点。影响人生产输出的要素首先是分配，生产产品的分配方式最大程度决定了人的生产热情。一个公平、公正的分配规则对生产的促进作用是不言而喻的；反之，一个大多数人不事生产，不劳而获的社会（注：现代社会脑力劳动者也是生产者，是社会财富的主要创造者。），其社会财富的攫取方式只能是欺诈、掠夺式的，久而久之从事生产的人会越来越少，从而引发社会危机。历史上出现的平均主义[8]以及目前极端贫富分化[9]的社会现实都是例证。

影响人生产输出的第二个要素是管理。这里指宏观意义上的管理，包括社会管理与组织管理多个方面。管理可以正向促进，也可以反向阻碍生产效率。好的社会管理模式、组织管理模式可以有效地分工合作，使个体人的生产输出形成群体合力，产生 1 加 1 大于 2 的效果。内耗型的社会管理模式、组织管理模式则会掣肘生产效率，破坏正常的生产秩序，事倍功半。

影响人生产输出的第三个要素是技术技能。先进技术和高技能人才的结合可以极大提升生产效率，对社会文明进步产生深远影响。原始人类到现代文明，经历了石器、青铜器到铁器工具的变化，经历了蒸汽动力发明后的工业化、电能应用后的电气化、计算机互联网普及后的信息化，每一次技术变革带来的都是生产效率的极大提升以及社会形态和生活方式的根本变化。与此同时教育的普及传承了人类文明中的精华，提高了人的生产技能，缩短了个体人创造、创新的时间，也是现代生产效率大幅跃升的前提条件。

影响人生产输出的第四个要素是社会生存状态。和平、稳定、安全是个体人生产输出的保障，也是社会经济繁荣的前提，这是任何一个发达经济体必须保证的社会生存状态；战争、动荡、危险则会极大地危害个体人的生产输出，造成普遍贫穷落后，事实上这也是现代大多数贫困地区无法摆脱的发展怪圈。

《孙子兵法》提出“经之以五事，校之以计而索其情：一曰道，二曰天，三曰地，四曰将，五曰法”。又有“主孰有道？将孰有能？天地孰得？法令孰行？兵众孰强？士卒孰练？赏罚孰明？吾以此知胜负矣”。现代社会判断一个国家的经济前景，首先判断它的生产能力。社会分配方式，包括税收制度；社会管理模式，包括生产组织模式；社会平均技术水平和生产技能；社会生存状态四个要素就决定了国家的基本生产能力。生产能力是国家经济繁荣，人民安居乐业的基础，无论哪种经济理论，如果不能有效地组织社会生产，促进人的劳动输出，终将被时代所淘汰。

第四节　消费的本质

消费是个体人的一种输入方式。

与生产相对应，消费是人的一种输入模式。任何机器设备都要有能源，都要进行常规的维修保养，这是保证正常工作的前提。人作为智能“有机机器”也不例外。个体人有两类主要的输入模式：一类是精神上的输入，包括知识、技能、情感等。精神输入的特点是无形非消耗性的，输入方式称为传承或者学习。另一类是物质上的输入，包括衣食住行等生存物质及其升级产品、各类满足人特殊需求的物品（比如奢侈品、化妆品）、信息交流物品、精神输入的物质载体比如书籍、其他物品，物质输入的特点是有形消耗性的，输入方式称为消费。狭义的消费是人的物质消耗，是社会进步、经济发展的动力源。

消费是人生存的基础，是经济领域最重要的变量之一。古典经济学不重视消费研究，直到凯恩斯正式把消费作为宏观经济领域的重要研究对象。如今恩格尔系数、消费者价格指数（CPI）都成为宏观经济领域最重要的指标，是各国政府制定物价政策和工资政策的重要依据。但是现代经济理论中消费和生产的边界越来越模糊，生产过程中的物资和劳动消耗也归结为消费，还有的学者认为消费是对生产的投资，虽然有一定道理，但毕竟不能完全自圆其说，容易造成一定的混淆。从战略经济的角度，生产和消费是对立统一的两个方面，生产决定了消费，消费又引导、影响着生产，二者结合构成了经济发展和社会进步的不竭动力。

在宏观经济里以支出法计算的国内生产总值（GDP）是投资、消费、净出口这三种需求之和，因此经济学上常把投资、消费、出口比喻为拉动 GDP 增长的“三驾马车”，这是对经济增长原理最生动形象的表述。其中消费是指内部需求，即本国居民的消费需求，它是经济的主要动力；投资是指财政支出，即政府通过一系列的财政预算包括发行国债，对教育、科技、国防、卫生等事业的支出，是辅助性的扩大内需；出口是指外部需求，即本国企业的产品进入国际市场，被国外购买。其实从更本质的角度上讲，投资与出口都是消费的另类表现形式：投资是满足未来的消费，出口是满足国外的消费，它们是不同时间、不同空间的消费在目前的转换。归根结底消费是经济发展的最终目的和根本动力。

第五节　消费决定

历来消费研究都存在不少争论。首先消费由什么决定，现代经济理论普遍认为消费由收入决定。但是由当期的收入决定还是由预期的收入决定，由绝对的收入决定还是由相对的收入决定，由整个生命周期的收入决定还是由持续与暂时的收入共同决定，不同的侧重点会得出不同的结论；其次是消费者的行为特征，是符合边际效用递减的基数效用理论[10]呢？还是符合无差异曲线的序数效用理论[11]呢？或者符合其他的理论原理；第三消费是否也存在着效用决定函数呢？凡此种种，这些对消费的争论不但偏离了生活实践常识，进入空中楼阁式的理论怪圈，而且持续误导经济政策的方向。

从个体人的主体视角看，消费是人从意志决策到行为实践的过程，其决定分为不同层级。人的消费输入分为四个层级：基础消费、升级消费、休闲消费、奢侈消费。

人的基础消费包括衣食住行等满足基本生存条件的消费，首先是食物消费、而后是衣物消费、第三是住和行的消费，最后是其他必需消费品。有趣的是，人类社会形态的发展似乎也遵循这条主线：开始的农业文明解决吃的效率问题，而后工业文明开端利用机器大规模的纺织解决穿的效率问题，接下来汽车、火车、飞机的应用解决行的效率问题，后工业时期房地产的大规模发展解决住的效率问题，直到今天计算机网络技术、手机无线通信技术等解决实时交流的效率问题。基础消费是满足生存本质所必需的物质需求，其决定无视价格，更不会遵从市场规律，是一个稳定的社会形态必须提供给人的保障。如果无法有效提供，则社会组织形式即刻面临崩溃的危险，古今中外每一个王朝末年都处在这种不稳定状态之中。

人的升级消费是对基础消费的全面提升，是解决了从无到有后质的提高。简单讲就是吃的更丰富、穿的更美丽、住的更宽敞、行的更快捷，同时教育、医疗、文化、交流等消费日益成为社会必不可少的组成部分。升级消费从微观层面讲是由人的能力决定的，这种能力包括个体人的收入水平、权力地位、学识眼界、性格特质等等；从宏观层面讲是由社会生产和收入分配综合决定，社会生产决定了能消费的总量，收入分配决定了由谁来消费它们。

休闲消费涵盖旅游、度假、爱好、娱乐等诸多方面，是人满足生存消费后为了获得精神的愉悦和满足而进行的消费行为。休闲消费主要由社会物质丰富程度、社会风气与大众心理导向等因素决定，是一种高级消费行为，如果一个社会大多数人都拥有休闲消费，则社会处于普遍富裕阶段。

奢侈消费包括珍品收藏、珠宝玉器以及各类名贵奢侈品消费。奢侈消费主要由社会总财富、社会财富集中程度、社会强势集团消费心理与导向等因素决定。奢侈消费是社会强势集团的高端消费现象，是其炫耀财富与社会地位的象征，同时也是财富贮存与重新分配的方式之一。

提高社会总体消费水平最本质的方法是提高社会平均生产效率，增加社会总财富，即所谓做大蛋糕；而提高社会平均生产效率最重要的路径是解决财富的公平分配，即所谓分好蛋糕。这种相互影响，看似循环决定的生产—消费圈中，是否遵循公正的社会制度，制定良好的保障体制是进入良性循环还是开启恶性循环的关键，而这种选择的权利从来都把握在社会精英阶层的手中。即建立什么样的政体，选择什么样的治理方式问题，最终的结果会由历史来评判。

第六节　供给与需求

供给是一段时期内人生产并用于交换的输出总和。

由于社会分工与交换的发展，个体人为了获得生存资源，必须从事某种形式的劳动并提供给他人，众人行为叠加就产生供给。如果利用某种组织形式有目的地生产某种产品或者服务，就会形成单一供给。全社会所有单一供给叠加就是宏观领域的总供给。按照供给方生产紧迫程度，供给分为三个层面：第一是必需供给，用以满足供给方的基本生存需求；第二是可变供给，用以改善供给方的生活品质；第三是极限供给，供给方为获得超额财富提供最大输出的产品与服务。

传统经济学中的供给是指“生产者在某一特定时期内，在每一价格水平上愿意并且能够提供的一定数量的商品或劳务”。这个定义反映了供给随价格变化的趋势，更是供给曲线的理论基础。然而到底是价格决定供给，还是供给决定价格，传统经济学中供需关系决定均衡价格的理论给出了明确解释：市场价值或生产价格决定价格，价格决定供求；反过来，供求决定价格，并通过调节不同生产条件下的生产，影响市场价值的形成与决定。在后凯恩斯主流学派——新古典综合派的总需求－总供给模型中，总供给是一条折拐曲线。[12]

无论解释的角度是否相同，新古典综合学派总供给曲线的形态与战略经济异曲同工。必需供给达到峰值前价格不变，可变供给随价格升高而正向变化，极限供给在任何价格下保持不变。目前世界主流经济学派应用总供给－总需求模型，通过短期总供给曲线、总需求曲线的移动来解释经济萧条、繁荣、滞胀的宏观状态，通过总需求曲线的移动与长期总供给曲线的恒态来分析宏观经济的长期均衡，其实质正对应了战略经济中总供给三个层面与总需求变化的关系。

战略经济学认为供给是人生产并用于交换的输出总和，生产效率与交换效率都直接影响供给水平。因此无论 20 世纪 70—80 年代美国、英国奉行供给学派的经济政策，还是今天中国提出的供给侧改革，都应当着眼于生产效率与交换效率地提升。本书只对中国正在进行的供给侧改革展开讨论。本章第三节中分析了影响生产效率的要素。社会分配方式，包括税收制度是影响人生产输出的第一要素，因此供给侧改革首先要进行分配方式改革，打破旧的利益集团形成的分配藩篱，反对高利润行业的垄断保护，降低企业与个人税负，限制不劳而获的投机行为，最大限度鼓励人的生产热情；社会管理模式，包括生产组织模式是影响人生产输出的第二要素，因此供给侧改革还要改变社会管理模式，简政放权，减少政府对市场的干预行为，根除腐败，降低社会运行成本，优化生产流程，扶持优秀生产企业；社会平均技术水平和生产技能是影响人生产输出的第三要素，因此供给侧改革应当鼓励科技创新，提高全社会技术水平，开展教育改革，鼓励职业技能教育，提高人的生产技能；最后也是至关重要的前提，和平稳定的社会环境是供给侧改革成功实施的根本保证。从提高交换效率角度分析，货币与金融对国家经济影响显著（见第六章），合宜的货币政策与健康的金融市场是提高社会交换效率的关键，而长期通货膨胀会抑制社会总有效劳动量，不利于生产效率提高，因此供给侧改革应当奉行稳健的货币政策，严格控制货币总量，保证改革的顺利推行。从战略经济角度分析，中国目前进行的供给侧改革是提升全社会生产效率，提高长期供给能力的良方，应当克服眼前困难，坚持不懈，重塑经济发展的坚实基础。

需求是一段时期内人交换并用于消费的输入总和。

消费是人生存的基础，随着社会分工越来越细化，个体人必须通过交换满足自己的各种需要，这种因消费而产生的交换需要称为需求。所有人对某种特定物品或者服务的需求叠加就会形成单一需求，全社会所有单一需求叠加就是宏观领域的总需求。需求同样是有层次的，衣食住行是最基本的生存需求，是一个稳定的社会形态必须满足其成员的基本前提；而衣食住行的升级需求是社会强势集团主导下最具有经济发展刺激效果的方式，一则需求群体广泛，遍及全社会；二则价格差别大，例如普通食品与各种珍馐、普通车辆与各种名车、普通地段住房与各式豪宅，价格可以相差百倍千倍，一旦引导消费升级产生羊群效应，其爆发的经济影响力巨大而难以控制，是典型的经济发展双刃剑；第三类是伴随着时代科技文明出现的新需求，比如20世纪90年代的计算机、笔记本电脑，如今的智能手机、可穿戴设备，往往伴随着应用规模扩大与技术进步出现降价—更新—再降价—再更新的快速更迭特征；还有一类是小众特殊需求，例如收藏品、奢侈品，因数量较少对宏观经济产生作用较小。

凯恩斯主义认为总需求决定国民收入与就业水平，是宏观经济理论的核心，在公式AD=C+I+G+（X-M）中，以总支出的概念将总需求划分为消费、投资、政府购买、净出口四个部分。短期内总需求增加会带动总供给上升，因此消费、投资、出口成为拉动经济发展的三驾马车。但是当总供给进入极限供给状态时，总需求的增加会全部转化为物价上升，对总供给不产生任何提升。20世纪七八十年代，凯恩斯主义遭遇到滞胀的考验，新古典经济学、供给学派重新成为西方主要国家制定经济政策的指导思想，而后一系列分配方式改革方案与技术进步同期实施，最终使得经济重回增长态势。客观地讲，凯恩斯主义把总需求对总供给的带动作用发挥到极致，实质是促进充分就业，使更多的人从事生产，以此推动经济发展，但是当总供给达到极限供给状态，继续增加总需求的作用就会停滞，只有重新提高社会生产效率与交换效率，才能使经济可持续发展。

战略经济认为，不同国家、地区社会总需求的发展处于三个不同的阶段，必须依据现实制定经济发展政策。如果社会总需求仅处于解决生存需求的基础阶段，则可以通过增加投资、改变生产方式、促进充分就业、引导大众消费等方式提高总需求，带动总供给提升，推动经济发展；如果社会总需求处于升级需求阶段，仍然可以通过增加投资、引导消费、促进出口等方式拉动总需求，但必须时刻关注经济总量的平衡，避免量变积累引起质变，造成经济失衡，畸形发展；如果社会总需求已经处于过度扩张状态，则必须在社会总供给侧发力，通过新技术革命提高生产效率、淘汰落后生产方式，变革社会分配机制、引导生产积极性，重新实现经济平衡发展。

注释：

［1］马克思，恩格斯．马克思恩格斯全集（第 49 卷）［M］. 人民出版社，2006.

［2］按照联合国分类标准，世界各国把各项产业划分为三大类：第一产业、第二产业、第三产业。第一产业是指提供生产基础材料的产业，包括种植业、林业、畜牧业、水产养殖业等利用自然生物资源为对象的生产部门。第二产业是指加工

业，利用基本的物资材料进行加工并形成商品出售。第三产业是指第一、第二产业以外的其他产业部门。第三产业范围广泛：包括交通运输业、商业、通讯业、餐饮业、金融保险业、服务业等非物质生产部门。三大产业的变化趋势是：起初是第一产业的比重不断下降，第二产业的比重不断上升，第三产业的比重也不断上升；随后包括第一、第二产业的物质生产部门的比重都不同程度下降，第三产业的比重持续上升。这种变化趋势在发达国家比较突出。科林·克拉克.《经济进步的条件》，1940年。

[3] 恩格尔系数（Engel's Coefficient）指居民家庭中食物支出占消费总支出的比重。恩格尔系数是用来衡量家庭富足程度的重要指标。

食物支出对总支出的比率（R1）=食物支出变动百分比/总支出变动百分比

食物支出对收入的比率（R2）=食物支出变动百分比/收入变动百分比

[4] 德国统计学家恩格尔根据经验统计资料对消费结构的变动提出这一经验定律：一个家庭收入越少，家庭收入中或者家庭总支出中用来购买食物的支出所占的比例就越大，随着家庭收入的增加，家庭收入中或者家庭支出中用来购买食物的支出将会下降。

[5] 富勒.《装甲战》，1932年。

[6] 传统生产理论对于生产函数的研究偏重于要素分析，其先假设生产要素由四部分组成：资本（K）、劳动（L）、土地（N，泛指一切自然资源）、企业家才能（E）。生产函数则用来表示生产要素的不同组合与它可能生产的最大产量之间的关系。在既定的技术水平下，如果各种生产要素的数量增加，产出量也随之增加，因此产出量是各生产要素的增函数，如果发生了技术进步，生产函数本身就会改变，生产函数表示的是最大产出量。如果用Q表示产量，则生产函数的数学表达为：Q=f（L、K、N、E），而在实际研究中，为简化起见，认为土地（N）为固定不变，企业家才能（E）无法衡量，因此将生产函数简化为Q=f（L、K），其后的总产量、边际产量、平均产量则都是建立在对这一简化后的生产函数研究讨论的基础上。（有兴趣的读者可以参阅曼昆著《经济学原理》）

[7] 新一届世界500强企业排行榜[J].财富，2016（7）.

[8] 平均主义，就是要求平均分享一切社会财富的思想。平均主义与市场经济的运行

规律相背离，在现代社会中无法被普遍接受。在现实经济生活中，平均主义与按劳分配原则迥然相背。它否认以劳动作为分配的根本尺度，否认劳动者在劳动复杂程度、劳动熟练程度、劳动强度、劳动技能、劳动态度和劳动成果等方面的差别，以及由此所产生的劳动报酬的差别。

［9］贫富分化是指人们之间的财富出现了差距，财富是以货币来表示，贫富分化也就是说人们之间支配的货币出现了差别。贫富分化过大导致社会价值观撕裂，穷人对富人产生仇视情绪，危害社会稳定。

［10］基数效用论是19世纪和20世纪初期西方经济学普遍使用的概念。基本观点是：效用是可以计量并可以加总求和的。表示效用大小的计量单位被称为效用单位。因此，效用的大小可以用基数（1、2、3……）来表示，正如长度单位可以用米来表示一样。基数效用论采用的是边际效用分析法。

［11］序数效用论的基本观点是：效用作为一种心理现象无法计量，也不能加总求和，只能表示出满足程度的高低与顺序，因此，效用只能用序数（第一、第二、第三……）来表示。例如，消费者消费了巧克力与唱片，他从中得到的效用是无法衡量，也无法加总求和的，更不能用基数来表示，但他可以比较从消费这两种物品中所得到的效用。如果他认为消费1块巧克力所带来的效用大于消费唱片所带来的效用，那么就叫一块巧克力的效用是第一，唱片的效用是第二。

［12］总需求－总供给模型（AD–AS模型）是指将总需求与总供给结合在一起放在一个坐标图上，用以解释国民收入和价格水平的决定，考察价格变化的原因以及社会经济如何实现总需求与总供给的均衡。

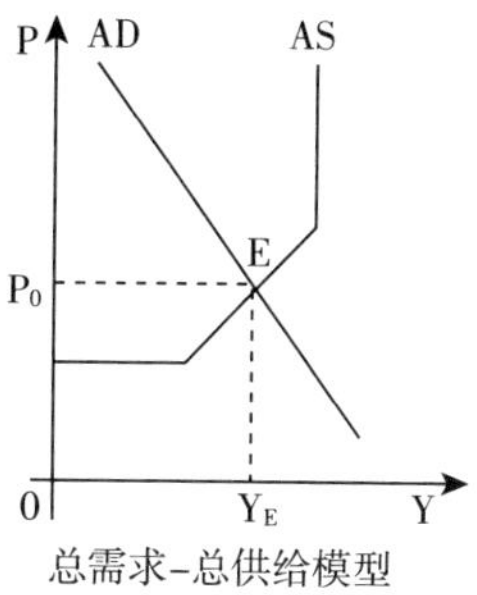

总需求–总供给模型

总需求－总供给模型是后凯恩斯主流派——新古典综合派用于分析国民收入决定的一个工具，这个模型是在凯恩斯的收入－支出模型和希克斯的IS–LM模型的基础之上，进一步将总需求和总供给结合起来解释国民收入的决定及相关经济现象，是对前两个模型仅强调总需求方面的片面性进行的补充和修正。

短期总需求－总供给模型方程为：AD = f（p）SAS=f（p）AD = SAS

长期总需求－总供给模型方程为：AD = f（p）LAS = Yf AD=LAS= Yf

第六章　货币战略

货币是劳动的容器，它的出现使得人对劳动的贮藏、转移、释放有了称心的工具。现代社会货币的发行与流通是一个国家经济的核心，是国家信用的集中代表。货币经济学实质是一部货币战略制定与实施的教程。汇率是国际货币战略制定与实施的关键。

当今世界各国、各地区间的经济交往，集中在以下几个资本市场：以汇率为纽带的货币交易市场、以世界货币为结算方式的石油与大宗商品交易市场、以各国央行为交易主体的贵金属交易市场、以各国政府为主导的债券与股票期权交易市场。应用战略经济理论对上述资本市场进行分析，一来可以明晰各个国家采取的主要经济战略以及期望达到的效果，二来可以顺势而为，实现本国的经济目的。

现代货币经济学里对货币的不同定义体现了两种货币本质观：交换媒介的货币本质观与价值贮藏的货币本质观。根据交换媒介的货币本质观，可以得到狭义的货币定义——一种所有者与市场关于交换权的契约，根本上是所有者相互之间的约定；而根据价值贮藏的货币本质观，可以得到广义的货币定义——除了作为交换媒介之外，货币还具有价值贮藏功能。战略经济以超越对手获得经济持续发展为目标，货币是实现目标的最重要工具，其本质是社会财富的载体和衡量依据，适用广义的货币理念。货币源于人类的商品交换行为，为明确其在经济中的战略地位，溯本求源，我们首先分析交换。

第一节　交换原理

交换是人不同生产方向的互补。

个体人在群体中发生相互联系有两类方式。第一类是精神层面的联系，涵盖思想、情感、知识、技能等，统称为精神交流；第二类是物质层面的联系，即彼此之间直接互换产品（以物易物），或者通过媒介（一般等价物、货币）间接进行，统称为交换。从本质上说，由于人的社会属性，尤其是在分工愈加细化的社会里，为了提高生产效率，每一个人从事的生产活动逐渐单一，但是每一个人所需要的消费产品又是多样的，因此人之间进行的交换活动就是保障彼此满足个体消费的唯一方式。从宏观角度看，社会生产是全方位的，而个人生产的产品是单一的，交换就是人与人之间不同生产方向的相互补充，使得个体人能够满足生存与更好生活的需要。狭义的交换是人与人的物质联系，是经济繁荣的基础。

与生产效率相似，人类社会发展也需要交换效率不断提升。交换效率作为现代经济学概念由鲁宾斯坦明确提出。他区分了交换效率、生产效率和信息效率的不同含义。交换效率作为衡量经济自由程度的重要指标，用来评估动态制度环境中市场交换的自由程度。从这个意义上可以认为交换效率是帕累托效率[1]在交换领域的应用。在现实经济中，交换效率显示出了与帕累托最优的本质区别。“帕累托效率不是一个衡量经济制度好坏的指标，因为任何经济制度——资本主义也好，社会主义也好，都可以达到帕累托效率”[2]。因而帕累托效率不能作为考评制度优劣的指标。“然而交换效率是与经济自由程度正相关，制度的经济自由程度越低，其交换效率也就越低，制度越接近理想模型，其交换效率越高，因而交换效率可以作为一个指标度量经济制度是否接近理想模型。如果越接近理想市场模型的经济制度在市场配置资源方面越有效率，那么交换效率也就可以作为一个衡量制度配置资源效率或是否达到帕累托最优的指标”[3]。

在生产力低下的社会，生产的产品种类和数量较少，往往倾向于自给自足的生产方式，生产互补性小，交换行为就少，交换效率低下；随着生产力提高，人的分工越来越细化，生产的产品种类和数量越来越多，交换行为就越来越多，交换效率也不断提升，逐渐形成了专门的集市，出现了充当第三方交换媒介的一般等价物。而后贵金属逐渐获得广泛认可成为流通的货币，极大提升了社会交换效率，促进了生产的进一步发展。今天以国家信用担保发行的纸币，逐渐衍生出各类电子货币、信用货币，使得交换的领域和范围更加拓展，交换效率获得前所未有的提高，产生了种种新的货币现象，成为经济发展中最重要的角色。

在某个特定时期内，生产与消费受到各自限制条件的影响，尤其在满足了基本生存需求的前提下，人为直接控制调节生产与消费很难起到良好的效果，这已经被管制经济、计划经济的社会实践所证明。而通过交换过程反作用于生产与消费进行调节则起到事半功倍的效果。事实上市场经济的调节机制（亚当·斯密所说的“看不见的手”）正是通过自然状态（没有过多人为干预）的交换过程来自发调节生产与消费的行为。在货币诞生，政府掌握了铸币权以后，控制交换调节过程获得了新的工具。

第二节　货币的本质

货币是劳动的容器，它的出现使得人对劳动的贮藏、转移、释放有了称心的工具。而“价值是一种凝结在商品中的无差别的人类劳动”（马克思），因此货币也是价值的容器。作为价值衡量核心的一般等价物，货币在理论上应当具备恒定的价值。然而现实中，货币币值的波动频繁而剧烈。应用“容器原理”可以形象地解释货币币值波动：如果容器变大，而劳动总量不变，则单位体积的劳动就会变小，货币就会贬值；如果容器不变，劳动总量增大，则单位体积的劳动就会变大，货币就会增值。由于生产效率、劳动人口的不断增加，社会劳动（商品价值）总量不断积累，与之对应的货币总量也必须不断攀升，并且速度不能低于社会劳动（商品价值）总量的提升速度。否则会造成货币增值，引起惜用或囤积，降低社会的交换效率，影响经济发展。近代社会，正是由于贵金属的增量远低于社会劳动（商品价值）总量的增幅，造成贵金属逐渐退出了世界货币的舞台，而以各国政府信用背书的纸币和电子货币大行其市，也是顺应了经济发展趋势的需要。

纸币的出现是国家信用的升级，只有民众接受了政府信用，才会使用政府所发行的纸币。因此纸币在推广普及的过程中总是带有半强制色彩，其对社会强势集团的约束力天然弱于贵金属货币。正是因为纸币充当了交换中的媒介，社会管理阶层可以通过纸币（几乎没有成本）发行量来控制调节交换过程，而且随着交换行为深度与广度的拓展，其表现形式愈加复杂，又衍生出许多现代金融产品。现代西方货币经济学的实证研究表明，正是货币的周期性变化引起经济的周期性波动，而不是传统经济理论认为相反的因果，这也正说明了社会强势集团在经济发展中的决定性作用。社会实践表明，在货币领域基础货币发行数量、名义利率决定、某些特殊商品价格限定、政府直接投资与社会投资引导政策、货币汇率等都是经济发展的外生初始变量，决定了一个经济体的经济发展规则。

现代社会货币的发行与流通是一个国家经济的核心，是国家信用的集中代表。那么国家到底依据什么发行货币，制定货币政策呢？这个问题关系到社会稳定、经济繁荣，甚至关系到政权稳固、国家存亡，历史上有太多货币崩溃而引发政权解体的例子。为了厘清这个问题，必须充分重视价值规律。价值规律是交换领域最基本的经济规律，即“商品的价值量取决于社会必要劳动时间，商品按照价值相等的原则互相交换”。当然在实际过程中，“商品的价格与价值相一致是偶然的，不一致却是经常发生的”。但是“从较长时期和全社会来看，商品价格与价值的偏离有正有负，可彼此抵消，因此总体上商品的价格与价值还是相等的”[4]。货币作为商品价值的衡量尺度与交换媒介，其发行量必然受到商品价值总量的制约。

第三节　货币战略与货币经济学

西方货币经济理论由克努特·维克塞尔提出，经凯恩斯的发展，到20世纪50年代形成一门独立的学科。弗里德曼、哈耶克、萨缪尔森、奥克鲁斯特等一批著名经济学家为货币经济理论研究做出卓越的贡献。发展到今天，货币的外延已经扩及金融资产，货币供求中也已包含了金融资产，金融资产的市场价格与市场利率以及资金流向有密切关系。因而金融资产不仅与微观经济行为主体，而且与宏观经济运行有关，对实体经济也有实质性影响，这也表明，货币经济理论与金融理论间有着内在密切的关系[5]。从研究内容与研究进程上看，现代西方货币经济学就是一部货币战略制定与实施的教程。货币经济学体系中货币政策的四大根本目标——物价稳定、充分就业、经济增长、国际收支平衡就是货币战略的阶段性目标；货币需求理论、货币供给理论、利率理论是货币战略的分析基础；货币与经济均衡及经济波动的理论，货币与就业、产出及收入的理论，货币与经济增长及经济发展的理论是货币战略制定应当遵循的原则；通货膨胀与通货紧缩理论，国际货币经济理论，货币政策理论是货币战略的实施依据。

弗里德曼的新货币数量学说，建立了货币的需求函数与供给模型，用以阐述各种要素对货币供需关系的影响。弗里德曼认为，总财富是制约人们货币需求量的规模变量，它可以分为人力财富与非人力财富，弗里德曼用恒久性收入——人们预期可在一个较长时期中所能获得的平均收入水平来代表总财富。一般来说，人力财富在总财富中所占的比例越大，则货币需求就相对越多。其他资产的收益是人们持有货币的机会成本，其他资产的收益率越高，货币需求就越少。弗里德曼的货币需求函数用公式表达为：

$$M=f（P，rb，re，rm，1/P \cdot dP/dt，w，Y，u） \qquad 式 6.1$$

式 6.1 中，M 表示名义货币需求量，P 表示物价水平，rb 表示债券的预期收益率，re 表示股票的预期收益率，rm 表示货币本身的预期收益率，$1/P \cdot dP/dt$ 表示物价水平的预期变动率，w 表示非人力财富占总财富的比例，Y 表示名义恒久性收入，u 表示影响货币需求的其他因素。忽略复杂的数学变换过程，弗里德曼货币需求理论得出的基本结论是：第一，实际货币余额的需求完全由实际变量所决定；第二，由实证研究可知，货币需求的收入弹性很大，而利率弹性很小，因此，货币需求是相对稳定的；第三，货币的流通速度不是一个常数，而是一个稳定的、可预测的函数。在货币供给方面，弗里德曼与施瓦茨建立了货币供给模型，他们引入高能货币——由通货与商业银行准备金构成，建立了以 M_2 为内容的货币供给方程式：

$$M=H \cdot [D/R \cdot (1+D/C)] / [D/R+D/C] \qquad 式 6.2$$

式 6.2 中 H 表示高能货币，由中央银行决定；D/R 表示存款对准备金的比率，由商业银行决定，D/C 表示存款对通货的比率，由社会公众决定。同样，我们忽略复杂的数学变换过程，弗里德曼－施瓦茨模型的政策含义是：第一，货币供给是一个外生变量；第二，中央银行的货币政策能控制货币供应量。在货币乘数一定时，若基础（高能）货币增加，货币供应量将成倍地扩张，而若基础货币减少，则货币供应量将成倍的缩减；第三，通货膨胀的根本原因是货币的增长率超过了产量的增长率，货币的作用为主，产量的作用为辅；第四，中央银行通过制定和执行适当的货币政策，能控制或消除通货膨胀。货币需求函数与货币供给模型清晰地表明国家可以通过货币调节实现经济战略目标的可行性。

作为一种特殊的商品，货币本身的供给与需求也存在平衡。货币市场供需平衡与实物市场供需平衡又存在必然联系。1935 年凯恩斯在《就业、利息与货币通论》中提出了货币供求决定利率的流动性偏好理论。他认为“所谓利息，乃是在一特定时期内放弃周转灵活性之报酬”，货币供给是一个外生变量，货币需求（即流动性偏好）决定于人们持有货币的三大动机，货币供给增加，则利率降低。1937 年，希克斯首次提出了 IS–LL 模型，用以说明凯恩斯理论与古典学派理论的关系，1953 年汉森综合了古典利率理论、凯恩斯流动性偏好理论和新古典可贷资金理论，以 IS–LM 分析说明利率的决定。

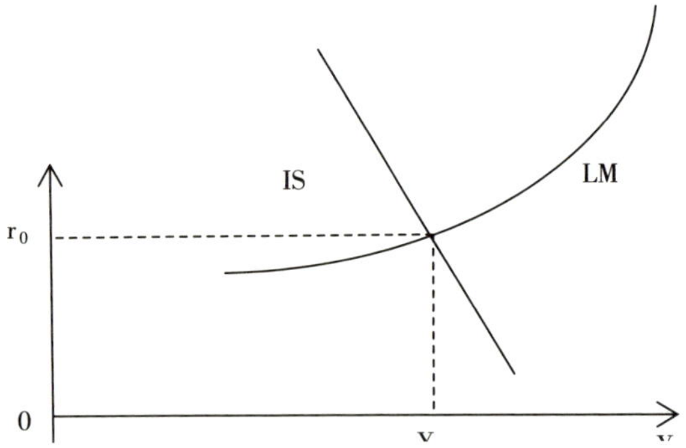

图 6–1　IS–LM 曲线模型

IS 曲线是使投资（I）等于储蓄（S）的收入与利率的各个组合点的轨迹，它反映了实物市场的均衡；若收入增加，储蓄必然增加，要使投资与储蓄继续保持相等，投资也必须增加，而要使投资增加，利率必须下降；因为要使投资与储蓄保持相等，收入与利率必须反向变动，所以 IS 曲线向右下方倾斜。LM 曲线是使货币的需求（L）等于货币的供给（M）的收入与利率的各个组合点的轨迹，它反映了货币市场的均衡；要使货币供求保持相等，收入与利率必须同向变动，因为当收入增加时，货币需求也将增加，要使增加了的货币需求与既定的货币供给继续保持相等，利率就必须上升，所以 LM 曲线向右上方倾斜。IS 曲线上的每一个点都反映了实物市场的均衡，LM 曲线上的每一个点都反映了货币市场的均衡，两条曲线的交点反映了实物市场与货币市场的同时均衡。只有在这种同时均衡的条件下，均衡利率与均衡收入才能同时决定。

IS–LM 模型是宏观经济分析的重要工具，是凯恩斯主义的核心。在此基础上，弗里德曼提出了三效应理论。

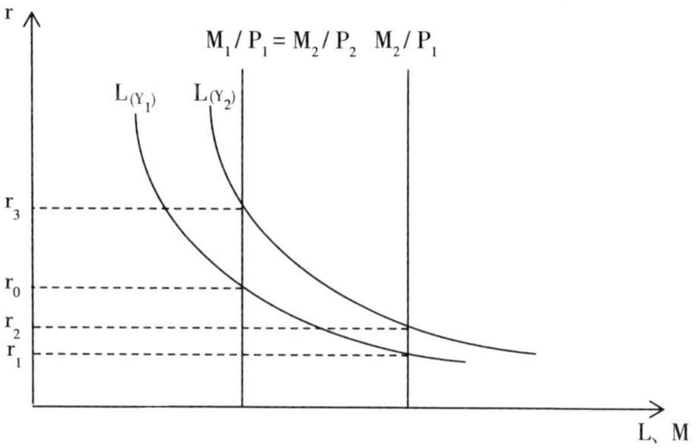

图 6-2　三效应理论示意

如图 6-2 所示，r_0 降到 r_1，流动性效应（物价尚未上涨，名义货币余额增加，导致利率下降）。r_1 升到 r_2，收入效应（收入增加，货币需求增加）。r_2 升到 r_3，物价水平效应（物价水平上涨，实际货币余额减少）。r_3 以上，价格预期效应（费雪效应，通货膨胀率预期上升时，利率也将上升）。

货币经济学为货币战略分析奠定了理论基础。根据弗里德曼三效应理论来分析美国近期与未来利率变化及其对经济的影响。

从图 6-3 中可以看出：第一，美国联邦基金利率总是升降交替呈波浪形。第二，1954 年到 1981 年间利率以上升趋势为主，1981 年以后以下降趋势为主。第三，2008 年利率开始下降，2009 年至今利率一直趋近于 0。按照三效应理论，长期的低利率使得美国名义货币余额增加，刺激国民收入增加，一旦利率因收入效应开始上升，则进入另一个加息周期。因此未来美国联邦基金利率可能先温和上升，后进入加速升息阶段。美元汇率也将同步升值。鉴于美元世界货币的特殊地位，美元升息将引起全球美元回流，回流速度随着升息速度而加快，这对于全球其他经济体而言并不是好消息，如果经济泡沫过大，则随着美元回流的“抽血”作用，应对不当会导致严重的经济危机。

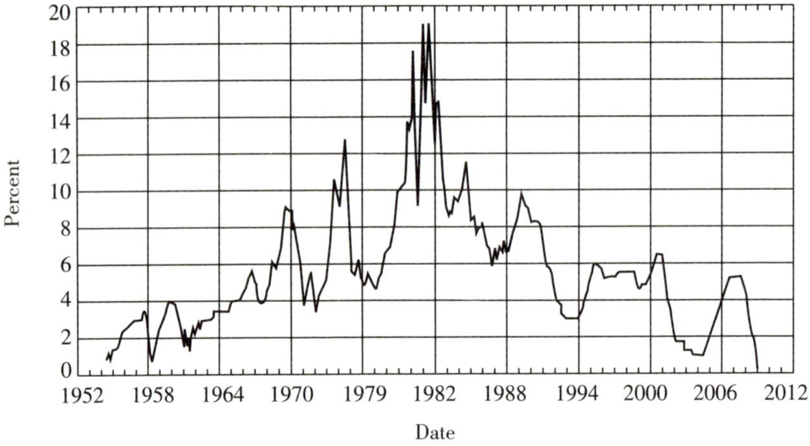

图 6-3　1954 年 7 月至 2008 年 12 月美国联邦基金利率走势图

第四节　通货膨胀原理

约翰·凯恩斯说：“不管是通货膨胀还是通货收缩，两者同样造成了巨大损害。两者同样足以改变不同阶级间财富的分配，但是在这一点上，通货膨胀更加要不得。”弗里德曼认为“通货膨胀无论何时何地都是一种货币现象，根本原因在于货币的增长率超过产量的增长率”，他强调货币供给量的变化对总需求的影响，而制止通货膨胀的唯一有效措施就是减少总需求。

货币经济学对通货膨胀理论的解释有以下几种：需求拉上论，主要是凯恩斯与弗里德曼的总需求引起理论；成本推进论，认为通货膨胀的原因在于生产成本提高；供求混合论，认为生产成本的提高不仅引起了物价的上涨，而且还引起了产量的减少，为使产量恢复到充分就业的水平，政府增加了总需求，而这种增加又使物价进一步上涨，于是物价呈现出螺旋式的上升；结构性通货膨胀理论，认为一个国家的经济存在着两个不同劳动生产率增长率的部门，但他们货币工资的增长率是一致的，生产力水平较低的部门产品需求有着较小的价格弹性和较大的收入弹性，而两部门的工资与物价存在向下的刚性。简单讲就是落后的经济部门还要获得相同的工资增长，因此引起（或加剧了）通货膨胀。

战略经济认为，通货膨胀（通货紧缩）与其说是一种自然经济现象，不如说是因为人的主观意志通过货币政策实施造成的一种客观现象。现实经济中存在大量表面货币没有过度增加，却发生通货膨胀的现象。

在一个国家内部，如果其独立制定货币政策，我们来研究货币市场对真实财富分配的影响。对于一个发展迅速，不崇尚消费，只注重积累的社会，首先假定初始年（记为第 0 年）国家生产（含服务）提供的产品总量为 10000，为交换需要流通的货币总量为 10000，则物价指数为 1，所有的产品正好满足全社会消费，没有剩余。第 1 年，由于生产效率提高，经济增长率为 10%，产品总量为 11000，为了维持物价稳定，国家增发货币 1000，物价指数为 1 不变，消费总量为 10000 不变，则剩余产品 1000，货币储蓄 1000。第 2 年，经济增长率为 9.1%，产品总量为 12000，国家增发货币 2000，物价指数为 1 不变，消费总量为 10000 不变，则累计剩余产品 3000，累计货币储蓄 3000。第 3 年，经济增长率为 8.33%，产品总量为 13000，国家增发货币 3000，物价指数为 1 不变，消费总量为 10000 不变，则累计剩余产品 6000，累计货币储蓄 6000。第 4 年，经济增长率为 7.7%，产品总量为 14000，国家增发货币 4000，物价指数为 1 不变，消费总量为 10000 不变，则累计剩余产品 10000，累计货币储蓄 10000。第 5 年，经济增长率为 7.14%，产品总量为 15000，国家增发货币 5000，物价指数为 1 不变，消费总量为 10000 不变，则累计剩余产品 15000，货币储蓄 15000。第 6 年，经济增长率为 6.7%，产品总量为 16000，国家增发货币 6000，物价指数为 1 不变，消费总量为 10000 不变，则累计剩余产品 21000，累计货币储蓄 21000。用表 6-1 简单的表述这一经济模型：

表 6-1　物价不变情况下经济增长与货币增发表

时序	产品总量	经济增速 %	货币发行	消费总量	产品剩余（累计）	货币储蓄（累计）
0	10000		10000	10000		
1	11000	10	1000	10000	1000	1000
2	12000	9.1	2000	10000	3000	3000
3	13000	8.33	3000	10000	6000	6000
时序	产品总量	经济增速 %	货币发行	消费总量	产品剩余（累计）	货币储蓄（累计）
4	14000	7.7	4000	10000	10000	10000
5	15000	7.14	5000	10000	15000	15000
6	16000	6.7	6000	10000	21000	21000

在这个模型中，由于高增长与低消费的发展模式，社会产生大量的剩余产品并积累了大量的储蓄货币。因为货币总额与产品总额保持一致，社会物价水平仍然处于初始状态，物价指数为 1，没有通货膨胀。现在如果每年被侵占或者因为管理不当流失（浪费）剩余产品的 50%，会出现什么情况呢?

在这个简单的模型中，由于剩余产品减少，社会出现了通货膨胀趋势。在剩余产品年流失率为 50% 的情况下，通货膨胀逐年增加，以上年为基准的统计通货膨胀率在经济年增长率为 8% 左右达到峰值。

表 6–2　剩余产品流失 50% 情况下经济增长与通货膨胀表

序数	经济增速 %	产品剩余（累计）	货币储蓄（累计）	潜在通胀率 %（基年）	潜在通胀率 %（上年）
1	10	500	1000	4.7	4.7
2	9.1	1500	3000	13	7.9
3	8.33	3000	6000	23	8.85
4	7.7	5000	10000	33.3	8.37
5	7.14	7500	15000	42.9	7.2
6	6.7	10500	21000	51.2	5.8

从表 6–2 的简单模型中，战略经济认为通货膨胀的本质是社会财富被侵占、流失、浪费后出现的经济现象。对社会强势集团来说，超发货币可以获得一部分社会财富，实现财富重新分配，但这种方式容易辨识和监管，通过剩余产品分配方式实现财富转移更符合自身利益，必要时也可以通过资产价格相对升值隐蔽物质财富再分配的目的。反过来说，如果社会存在通货膨胀，那么一定有一部分财富被侵占、流

失或者浪费。通货膨胀率越高，则财富流失率越大。这就是通过货币发行与控制完成财富隐形分配的原理。

价格围绕价值的波动产生了货币市场投资与投机机会。如果利用通货膨胀与通货紧缩造成的经济效果，通过控制货币在流通市场上的数量，人为造成通货膨胀到通货紧缩的循环过程，就形成一种隐蔽的货币战略。持续的经济发展与通货膨胀交错，刺激大众消费与投资，资产价格攀升，债务规模扩大，发展到顶点后逆过程开启，持续的经济衰退与通货紧缩，抑制大众消费与投资，资产价格下跌，债务违约不断，社会财富重新分配。如果控制经济顶点与谷底的程度与时间，提前布局，通过资产与货币的组合比例变化，高抛低吸，就可以达到财富快速增值的目的。强势集团对经济发展的预判和控制以及对货币发行的操纵力度都是通货膨胀－紧缩战略成功实施的前提条件。

第五节　汇率战略与国际货币经济学

国际货币经济学是货币经济学与国际经济学的交叉学科。国际经济学理论起源于以亚当·斯密、大卫·李嘉图为代表的古典经济学说中的国际贸易理论，应用“绝对优势”与“比较优势”的思想分析国际贸易，其后马歇尔等经济学家的“边际革命”又为国际经济学提供了重要方法。如今国际经济学的一般理论包括国际贸易理论和政策（贸易基础、贸易条件以及贸易利益的分配）、国际金融理论和国家货币政策（汇率理论与制度、国际收支调节理论与政策以及国际货币体系）、国际要素流动（资本和劳动力的国际流动以及跨国公司理论）等。近几十年来，克鲁格曼、弗里德曼等经济学家的研究丰富和推动了国际经济学各个方面的发展。其中的国际金融理论和国家货币政策（汇率理论与制度、国际收支调节理论与政策，以及国际货币体系）与货币经济学中国际货币经济理论构成了国际货币经济学。而汇率无疑是国际货币经济学的关键。

国际贸易的发展，要求国家之间必须采用一种可以衡量的结算方式。在黄金充当货币的历史时期，由于各国采用同一种金本位的结算方式，不存在汇率问题。第二次世界大战以后，世界各国普遍采用固定汇率制，并且与美元挂钩，美元则与黄金直接挂钩，即所谓的布雷顿森林体系。二十世纪七十年代后，由于西欧、日本经济的快速发展，美国的贸易逆差不断扩大，无法再按照固定价格兑换黄金，美元贬值，布雷顿森林体系解体，西方各国逐渐过渡到浮动汇率制，即汇率完全由市场供求决定，政府不加任何干预的汇率制度。汇率把不同国家的价格转化为可比的形式，不仅直接作用于国际贸易过程，而且形成了日益庞大的外汇市场。如今外汇市场的主要参与者包括商业银行、跨国公司、非银行金融机构、中央银行。根据美国纽约联邦储备银行对外汇市场交易的统计，全世界每天的外汇交易量高达 4300 亿美元，美国联邦储备银行的报告显示，只有 4.29% 的交易是在非金融机构之间进行的，4.4% 的交易是在非银行之间进行的，也就是说，进口商和出口商所占的比重很低，因此，外汇市场上的交易主要是银行之间的交易，而且交易量越来越大。

国际货币经济学认为，外汇也是一种资产，而汇率就是这种资产的价格。如果资本可以自由流动，则资本总是从利率低的国家流向利率高的国家。如果通过货币政策影响利率，则引起资本流动。资本的流动，影响外币和本币的相对供求关系，从而影响汇率。汇率变动，影响商品的进出口，从而影响净出口和产出。作为资产，外汇的收益主要来源于两个方面：其一，利率；其二，该币种相对于本国货币的汇率变化率。国际货币经济学研究认为短期外汇市场的均衡需要满足利率平价条件，用公式表示为：

$$R_1=R_2-(E'_{12}-E_{12})/E_{12} \quad \text{式 6.3}$$

式 6.3 中 R_1 为一年期本国存款利率，R_2 为一年期外币存款利率，E_{12} 为目前本国货币对该外币的汇率，E'_{12} 为预期一年后本国货币对该外币的汇率。该公式表明两国汇率的预期变化率等于两国利率之差。

长期汇率则由购买力平价决定——两国货币汇率等于两国的平均价格水平之比，用公式表示为：

$$E_{12}=P_2/P_1 \quad \text{式 6.4}$$

式 6.4 中 E_{12} 为本国货币对他国外币的汇率，P_1 为一篮子商品在本国的价格，P_2 为一篮子商品在他国的价格（以各自货币计价）。该公式隐含的意思是，如果用同一种货币表示所有国家的价格水平应该是相等的。由于湖堤原理（见第三章）作用，购买力平价理论与现实生活相差较大。但它是研究国家间汇率变化的基本出发点。

战略经济认为，汇率的本质是各个国家基本货币单位所包含劳动的比值。因此汇率与各个国家社会平均劳动效率成正相关关系，与其流通货币总量成负相关关系。这与国际货币经济学长期汇率决定本质相通。在短期中，国家间货币汇率、国内货币利率、经济增长率、通货膨胀率是紧密相关的四个变量，而预期汇率、预期利率、预期经济增长率、预期通货膨胀率为实际经济带来不可知的变化。预期是人的个性化心理过程，无法具体精确地判断和衡量，但可以示范引导。这正是汇率战略制定的依据和作用原理，即通过改变人的预期对经济产生战略性影响。

货币价值的波动首先表现在汇率上，而汇率变化的趋势又透露出国家经济的战略意图。在战略经济中，世界货币市场是实现国家间财富分配最重要的途径，其主要的实现方式就是浮动汇率的变化。对于国际货币市场来说，汇率波动与各国经济增长、通货膨胀、货币政策等有直接关系。在世界经济一体化趋势下的今天，有资格应用货币理论的研究成果，制定独立货币政策的国家没有几个。在货币经济理论中，蒙代尔三元悖论（不可能三角理论）——一个国家不可能同时实现资本的自由流动、货币政策的独立性和汇率稳定就是这种情况的具体原因。

美元作为美国的货币，同时也是世界贸易中结算量最大，被各国中央银行储备的世界货币，在现代世界经济中占据特殊的地位。衡量美元绝对汇率的变化趋势首先应当以国际硬通货——黄金为参照体系。如果以黄金为一般等价物，布雷顿森林体系规定35美元兑换一盎司黄金，如今大致1250美元（2016年10月12日，因黄金价格短期波动较大，这里取一个近似值）兑换1盎司黄金，45年间美元兑黄金贬值35倍。如前文所述，这种贬值不仅包含了美元兑黄金的通货膨胀，也包含了因为经济增长率超过黄金开采量造成的黄金对社会总财富的通货紧缩。这两部分各占多少比例是一个复杂的经济问题，我们不妨设其为 I_d 和 I_g，其中 I_d 代表美元的真实通胀率，I_g 代表黄金的真实通缩率，则有：

$$I_d I_g=35 \qquad \text{式 6.5}$$

我们根据经济发展、货币发行与通货膨胀的关系分析美元的真实通胀率。1971年8月15日美国总统尼克松宣布黄金与美元脱钩，我们把1971年定为第0年。从1971年到2016年的45年间，世界经济年增长率大致在2%~4.5%之间，取均值为3.5%；世界经济年消耗增长率没有可靠的统计指标，我们参考世界人口年增长率大致在1%~2%之间，再大胆的估算还有1%~2%左右的消耗增加（毕竟经济发展会带来消耗增长），两项相加取均值为2.5%。

从表6–3中可得世界经济总量45年间增加了4.7倍，累计总财富增加到14倍，而黄金总储量仅增加到2倍，按照等价原则计算，黄金通缩近7倍。代入式6.5，可得 I_d=5，则45年里美元贬值约80%。这个数字与统计所得大致相同。根据对应关系（参照本章第三节）表明社会总剩余产品的 86% 被以美元为代表的世界货币体系无偿占有。这也是世界大多数国家和地区没有享受到经济发展成果的根本原因。由此我们得到美元汇率战略的第一个形式：持续贬值获得无偿财富。

表 6-3　世界经济增长与黄金储量估算表（1971—2016 年）

序数	产品总量	经济增速 %	消耗增速 %	产品剩余	黄金储量（万吨）
0	10000			100	7.6~8
1	10350	3.5	2.5	201	
2	10712	3.5	2.5	303	
……					
44	45433	3.5	2.5	5493	
45	47023	3.5	2.5	5648	15.5~17.1
累计				129330	

在国际货币市场，任何一种货币如果单方面一味贬值就会丧失信用，被所有参与者抛弃。而如果所有货币都不同程度贬值，贬值的幅度快慢不同，彼此保持默契的同时还可以双向波动，创造出浮动交易的机会，则更加具有财富侵占的隐蔽性。国家间由于汇率的波动产生出投资与投机机会，控制汇率走向，使其在波峰与波谷间来回震荡，产生财富有利于己方的流动趋势则是汇率战略的另一核心内容。布雷顿森林体系解体之后，美元从与黄金固定兑换过渡到浮动汇率制。为了衡量美元的强弱程度，1985 年美国纽约棉花交易所首先推出了美元指数，通过计算美元和选定的一揽子货币的综合变化率，衡量美元的汇率变化程度。1999 年 1 月 1 日欧元推出后，美元指数期货合约的标的物又进行了调

整，从 10 个国家减少为 6 个国家。其币别指数权重为：欧元 57.6%、日元 13.6%、英镑 11.9%、加拿大元 9.1%、瑞典克朗 4.2%、瑞士法郎 3.6%。我们首先观察美元指数在这 45 年间的表现。

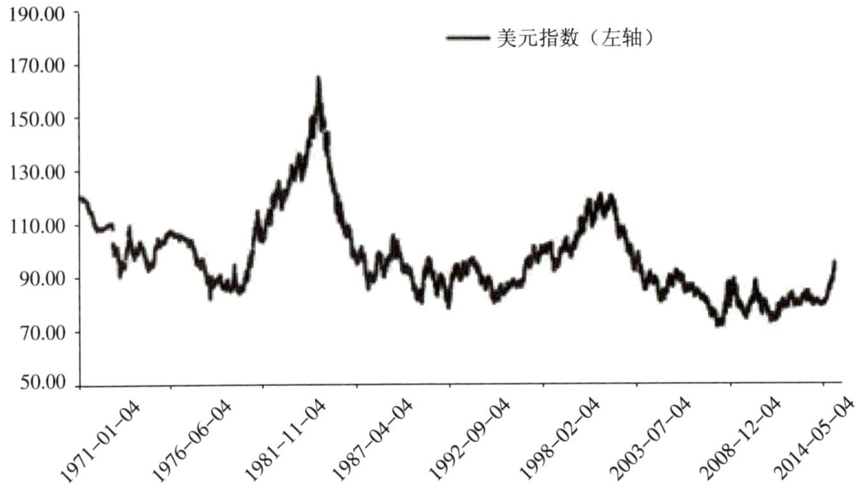

图 6–4　美元指数走势图

45 年里，美元指数有两次大的波动，还有 7、8 次小的波动，价值中枢保持在 100 左右。结合前文分析可以得出：第一，与美元指数相对应的 6 种国际主要货币保持基本相同的平均贬值速度；第二，各国在不同时期有各自不同的经济增长率、通货膨胀率和货币利率，引起汇率波动；第三，美元汇率的波动造成世界财富重新分配，具有明显的周期性和主动性。1987—1995 年，上一个美元贬值大周期末期的波动中，东欧剧变、苏联解体、日本经济泡沫破灭；2008—2013 年，这次美元贬值大周期末期的波动中，美国次贷危机、欧洲债务危机、石油与大宗商品泡沫破灭，如此巨大的世界政治经济变化发人深省。而今美元即将进入下一个升值大周期，1998—2001 年的东南亚金融危机、互联网泡沫破灭是否会重演呢？俄罗斯、印度、尼日利亚等新兴国家的货币危机已经露出端倪。

注释：

[1] 帕累托效率是以意大利经济学家维弗雷多·帕累托的名字命名的，他在关于经济效率和收入分配的研究中最早使用了这个概念，帕累托最优是指资源分配的一种理想状态。假定固有的一群人和可分配的资源，从一种分配状态到另一种状态的变化中，在没有使任何人境况变坏的前提下，使得至少一个人变得更好。一般来说，达到帕累托最优时，会同时满足以下 3 个条件：①交换的最优条件；②生产的最优条件；③交换和生产的最优条件。高鸿业 . 西方经济学（微观部分）中国人民大学出版社，2011.

[2] 张五常 .A theory of price control. Journal of Law and Economics，2017（1）.

[3] 王智波 . 交换效率与经济体制的两难冲突［J］. 当代财经，2004（3）.

[4] 马克思 . 资本论［M］. 江苏人民出版社，2013.

[5] 王传纶 . 货币经济学手册（中文版序）［M］. 经济科学出版社，2003.

第七章　贸易战略

全球经济一体化供需失衡下谁是受益者，谁的利益受到侵犯呢？贸易战略是国家间最直接的经济合作与斗争指导方针。战略贸易理论的核心，是强调政府通过干预对外贸易而扶持战略性产业的发展，是一国在不完全竞争和规模经济条件下获得资源优化配置的最佳选择。

贸易就是交换，国际贸易就是国家（地区）间的交换，交换的内容涵盖商品、服务和生产要素。国际贸易是国际经济学的重要内容，主要分析国际经济中的真实交易，一般划分为国际贸易理论与国际贸易政策。前者主要研究国际贸易产生的原因及其对经济的作用，后者主要研究国家应当如何对待国际贸易。“国际贸易理论的发展大致经历了古典、新古典、新贸易理论以及新兴古典国际贸易理论四大阶段。古典和新古典国际贸易理论以完全竞争市场等假设为前提，强调贸易的互利性，主要解释了产业间贸易。二战后，以全球贸易的新态势为契机，新贸易理论应运而生，从不完全竞争、规模经济、技术进步等角度解释了新的贸易现象。新兴古典国际贸易理论则以专业化分工来解释贸易，力图将传统贸易理论和新贸易理论统一在新兴古典贸易理论的框架之内”[1]。尽管大多数经济学家支持自由贸易，但现实世界的贸易中既有赢家也有输家，通过贸易可以影响国际与国内的收入分配，从而产生得益者与受损者。如何制定最优化的贸易政策，保护本国以及国内大部分人的经济利益，是一个政府必须慎重权衡的问题。本章主要讨论国际贸易中的经济战略。

经济一体化，全球范围优化配置资源是生产效率提升的要求，也是现代跨国企业的经营理念，从20世纪晚期以来获得蓬勃发展。但是由于国家间、地区间经济发展不平衡，国际化过程中稍有不慎，经济落后国家的根本利益就会受到伤害，这是客观存在的不公平。因此国际化进程难免曲折反复，踯躅前行。为了避免国际化的负面效果，首先必须明确造成国家间不公平商品交易的原理，才能徐图破解之道。

第一节　一体化市场

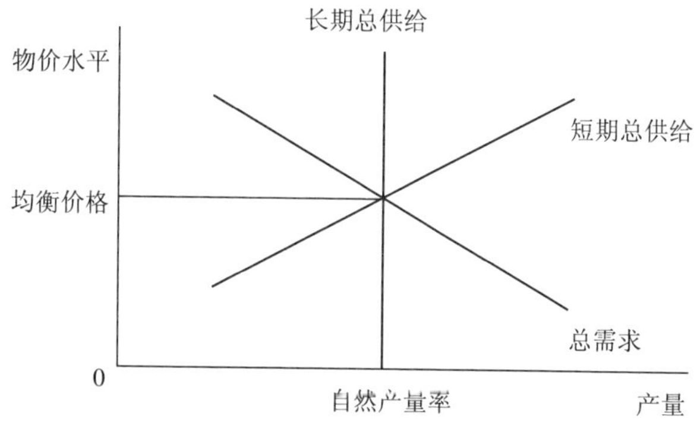

图 7–1　长期均衡

以整体社会经济为研究对象的宏观经济学已经建立起一套完整的模型体系，其中最基础的是社会总需求与总供给平衡决定市场均衡价格与均衡产量的模型（如图 7–1），经济学用总需求与总供给的移动来解释短期经济波动的成因[2]，认为总需求移动在短期中引起物品与劳务产量的波动，在长期中影响物价总水平，但不影响产量；总供给移动会引起滞胀—

衰退与通货膨胀，而影响总需求的决策者不能同时抵消这两种不利影响。

简便起见，我们仅采用向右上倾斜的短期总供给曲线来研究下面的问题，同时我们认为这个模型对所有采用市场经济的国家都适用，这是我们开始证明的重要前提，同时我们还需要下面几个假定和推理：

假定一：至少存在两个经济发展程度差异较大的经济体，并且可以分别独立决定各自的经济政策。

假定二：两个经济体之间没有贸易壁垒，商品自由交换，通过实际汇率完成结算，因此组成一个一体化市场。这一假设实际上是对目前全球大宗工业品与农产品市场的极限化模拟，实际情况需要修正差异，但为了定性推理的方便，我们忽略了这种差异。今天便捷的交通、通信技术和现货期货交易系统使得国际贸易日益发达，资源在全球范围内重新配置已经成为常态。

推理一：两个经济体的发展程度差异较大，发达经济体的均衡价格高于发展中经济体。（简单解释如下，不做详细证明）由于发达经济体的劳动效率高于发展中经济体，同样劳动时间，发达经济体劳动者获得报酬高于发展中经济体。对于理发师等以提供服务获得劳动报酬的从业者，其劳动效率与所在国家差别不大，但因为社会基础劳动价格存在差异，发达经济体理发师的劳动价格高于发展中经济体的同行。

我们可以用以下两个模型分别表示发展中经济体和发达经济体各自的经济总量平衡（如图 7–2）。

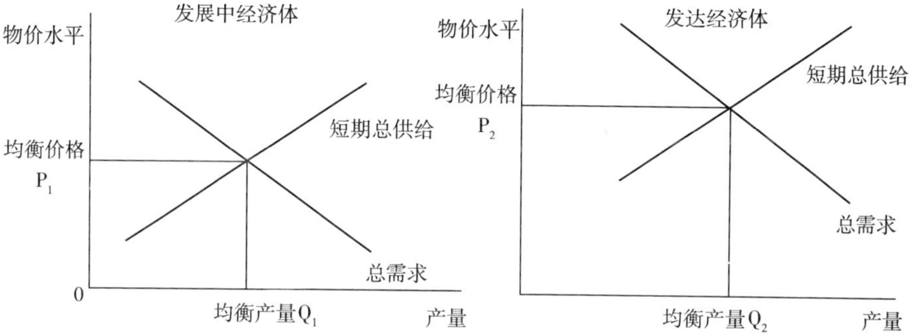

图 7-2　两个经济体的短期均衡

推理二：一体化市场的交易价格依然由总需求与总供给的均衡决定，其均衡交易价格高于发展中经济体的均衡价格而低于发达经济体的均衡价格。

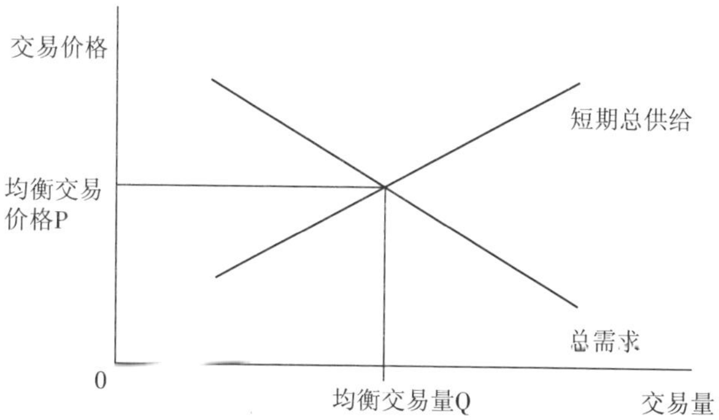

图 7-3　一体化市场的短期均衡

由此我们得到下面的不等式：

$$P_1 < P < P_2 \qquad \text{公式 7.1}$$

在这样的基础上我们来研究经济一体化会带来什么。当我们把（图 7-2）和（图 7-3）联合起来考虑就会发现，随着一体化经济规模的不断扩大（即全球化的规模越来越大），对于发展中经济体和发达经济体来说，市场均衡价格逐渐成为外生变量，由一体化市场体系的供求关系来决定（图 7–4）。

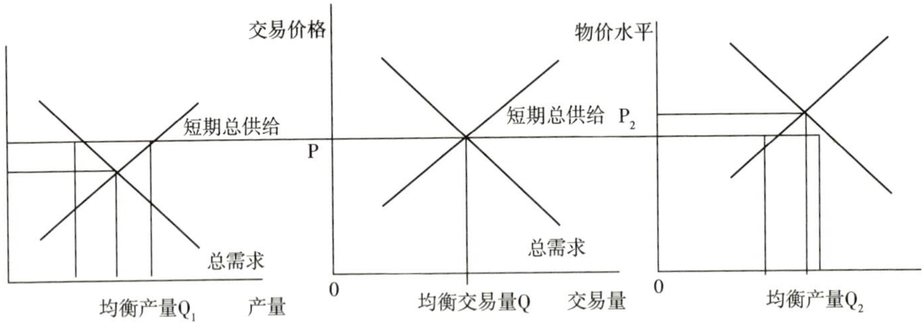

图 7–4 一体化市场的短期平衡

于是我们发现了一个有趣的现象：对于发展中经济体来说，受到高于国内均衡价格的激励，国内社会总供给的规模大于国内社会总需求（不考虑贸易盈余）；对于发达经济体来说，正好相反，国内社会总需求的规模大于国内社会总供给（不考虑贸易赤字）。对于两个经济体来说，国内总供需都是不平衡的。令我们感兴趣的是经济体内部究竟是什么力量维持了这种不平衡的局面呢？

对于发展中经济体来说，刘易斯的二元经济论给出了较为合理的解释。由于自然经济部门（主要指农业经济）向现代生产部门（主要指现代工业经济）提供了价格弹性无穷大的劳动力，即经济学所谓的人口红利，使得国内经济总供给大于总需求。以中国为例，就是持续增加的农民工提供了这种供给大于需求的增长能力，而中国的经济规模（GDP）也在国际贸易全球化的高价格激励下不断增长，同时内需却受到抑制（国内价格保护使得这种抑制没有充分体现，如果全面与国际接轨的话，这种抑制将比现在更加强烈）。国内产量与消费量的差额就形成了贸易盈余和滞销库存。

$$\triangle Q_1=Q_{1s}-Q_{1d} \quad \text{公式 7.2}$$

我们可以定义△ Q/Q 为经济偏移率 Ep，则

$$Ep=\triangle Q/Q \quad \text{公式 7.3}$$

在现实平衡中，为了便于统计和监测，我们可以把 GDP 作为 Q 与价格乘积的近似值，而把净出口总值（NX）和滞销商品总值（UM）的和作为△ Q 与价格乘积的近似值，由此公式 7.3 近似变换为

$$Ep=(NX+UM)/GDP \quad \text{公式 7.4}$$

对于发达经济体来说，则由举债和净进口来支撑其超额国内供给的消费量。以美国为例，就是借钱过日子，国家和个人都利用借贷花别人的钱，现在花未来的钱。这就是两个经济体内部维持国内经济不平衡的力量。因此在全球市场价格决定的基础上，发展中经济体国内市场与发达经济体国内市场的供需失衡长期存在。

第二节　国际商品价格波动与利益分析

全球经济一体化供需失衡下谁是受益者，谁的利益受到侵犯呢？为了便于后文的理解，我们在以下的讨论中把发展中经济体替换为 C 国，把发达经济体替换为 A 国。

C 国目前实质是二元（自然部门与现代部门并存）混合（市场经济

与计划经济并存）开放型经济，国际价格决定引起的国内供需失衡下直接获益的是生产厂商，间接获益的是政府，生产厂商充分享受了经济增长带来的超过国内自然均衡下的经济效益，而政府提高了 GDP 水平，获得了超额的财政收入；受到损害的是提供劳动力的下层产业工人，由于二元经济的特性决定劳动力价格长期得不到提高，降低了全社会的总需求水平。

A 国是市场开放型经济（经济计划成分较低），国内供需失衡下获益的是消费者，获得了超过国内自然均衡下的消费商品；直接受到损害的是生产厂商，间接受到损害的是政府，由于进口商品的冲击，减少了国内生产厂商的供给量，政府则减少了财政收入。

经济利益的分析使我们了解到一个非常有趣的现实：最有要求改变国内地位现状的是 C 国的下层产业工人和 A 国的厂商，最穷的群体和最富的群体产生了同样的改变动力，但二者希望改变的价格方向正好相反。根据“强者原理”（见第三章）的阐述，相对强势的 A 国厂商通过改变全球商品的均衡价格来改善自己的现状（如图 7–5）。

符合其利益的交易战略是以大量资本介入国际贸易市场，使得国际市场总需求曲线向右移动，提高国际商品的均衡交易价格。国际均衡价格的提高，使得 A 国的国内平衡向自然平衡点靠近，降低了 A 国的社会总需求，提高了社会总供给，满足了 A 国生产厂商的利益诉求；同时也迎合了 C 国生产厂商扩大生产规模和政府提升 GDP 的政策利益需要（虽然实际上抑制了 C 国经济的健康发展，使得国内平衡更加远离自然平衡点），因此这一提价过程并没有受到多大阻力。于是一体化市场主要大宗工业品价格开始上涨，原油、矿产资源、钢铁、有色金属、贵金属、农产品、化肥等行业都经历类似的过程，而C国采购的原材料价格不断上涨，挤压制造商的利润空间，同时A国国外投资厂商向国内回流。

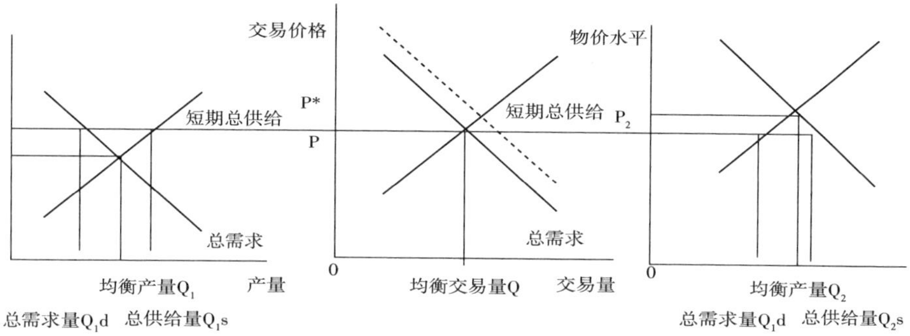

图 7–5　均衡交易价格变化引起两个经济体短期平衡变化

C国由于国际价格的提升，国内总供给规模受到激励不断增大，新的产能不断形成，对外贸易盈余加速扩大，而社会总需求进一步抑制，两极分化情况加剧，人民不满情绪日益积累。

这个过程进行得如此顺利，但它却埋下了经济危机的种子。

长期提高的国际商品价格对A国消费者的消费“挤出”效应，社会总需求量下降，A国的消费者出现了无力还贷现象，而当初为了鼓励消费的一系列金融衍生品，部分转移了本应放贷部门承担的经济风险，使得贷款消费规模达到了超出控制能力的地步，于是金融危机发生了。而此时此刻，A国大量的金融资本被用于在国际贸易中提高均衡价格，这样的投机行为占用了数以万亿计的资金，使其应对国内出现的危机时已经力不从心。为了挽救经济，同时也迎合A国全球战略的需要，资金不得不从国际贸易市场撤出，国际总需求曲线重新向左移动，并且由于A国社会总需求的降低更加速了这一进程，导致国际均衡交易价格急速下滑，国际大宗工业品的价格急剧下降，原油、矿产资源、钢铁、有色金属等无不经历与开始时相反的降价过程。在国际价格的一涨一落中，C国也经历了从总供给迅速膨胀（工业产能迅速上升），GDP增长加速，国际贸易余额屡创新高到总供给受到国际新价格的抑制，产能急剧下滑，工厂倒闭，农民工回流的经济过山车现象。

到这里，我们可以得出结论：这一轮经济循环造成的后果是分别在A国与C国两个市场产生抑制，既抑制了A国的国内消费，又抑制了C国的GDP增长。一体化经济进入停滞或衰退调整期。

如果上述过程是经济运行自然发生，则不能称之为经济战略；如果由人为制造并且推波助澜加以引导，则是一场精妙的经济棋局。区别在于自然发生的经济危机结果无法预测，取决于各方应对措施是否合理有效；人为控制引导的经济危机结果一定向着有利于当事人的局面发展，通过损害对手利益获得自身发展。这样的经济战略令对手不知不觉陷入彀中，可谓异常严厉。

第三节　国际贸易战略

贸易能使每个人状况更好，“国家和家庭一样也能从相互交易中获益。贸易使各国可以专门从事自己最擅长的活动，并享有各种各样的物品与劳务”（曼昆，《经济学原理》）。20世纪70年代以来，国际贸易自由化与新贸易保护主义成为各国对外贸易政策的主流。国家对外贸易政策体系包括国际贸易发展战略、进出口贸易政策和贸易国别政策，其战略目的是保护本国市场，扩大本国产品的出口，促进本国产业结构的改善，提高本国产品的竞争力，促进本国经济发展，维护本国对外政治经济关系等。目前世界各国大多实施管理贸易政策，即国家对内制定各种对外经济贸易法规，加强本国进出口贸易管理，签订各种对外经济贸易协定，用来协调发展与缔约国的经济贸易关系。

关税政策是国家对外贸易中最有效最常用的工具，目前常见的区分：按照货物流动划分为进口关税和出口关税，按照不同国家差别待遇和特定实施情况划分为进口附加税、差价税、特惠税和普惠制。国际经济学中对关税的一般均衡分析、成本和利益分析、垄断情形下的关税与进口配额分析等都有深入细致的研究并建立了大量的数学模型[3]。贸易政策的其他工具还包括：出口补贴、进口配额、自愿出口限制、国产化程度要求、出口信贷补贴、政府采购、繁琐的贸易程序等，都可以在特定情况下对国际贸易产生影响，从而实现本国经济发展目标。这些政策对国内产业经济发展的作用与影响，许多经济学家都做过详细的论述。

克鲁格曼认为传统的国际贸易理论都建立在完全竞争市场结构的分析框架基础上，因而不能解释全部的国际贸易现象，尤其难以解释工业制成品贸易，他提出应该对国际贸易理论的分析框架进行更新的主张[4]。而后他运用垄断竞争理论对产业内贸易问题进行了系统的分析和阐释，并建立了以规模经济和产品差别化为基础的不完全竞争贸易理论模型，即战略贸易理论[5]。

战略贸易理论提出，在不完全竞争的现实社会中，在规模收益递增的情况下，要提高产业或企业在国际市场上的竞争能力，必须首先扩大生产规模，取得规模效益。而要扩大生产规模，仅靠企业自身的积累非常困难，对于经济落后的国家来说更是如此。对此，最有效的办法就是政府选择发展前途好且外部效应大的产业加以保护和扶持，使其迅速扩大生产规模、降低生产成本、凸现贸易优势、提高竞争能力。战略贸易理论建立在不完全竞争贸易理论的基础上，为国家进一步干预贸易活动提供了理论依据。在寡头垄断的市场结构下，产品的初始价格往往高于边际成本。如果政府对本国厂商生产和出口该产品进行补贴，就可使本国厂商实现规模经济，降低产品的边际成本，从而使本国产品在国内外竞争中获取较大的市场份额和垄断利润份额。同时，规模经济的实现也可以为消费者带来利益。

在寡头垄断市场和规模收益递增的条件下，对国内市场的保护可以促进本国的出口。因为进口保护措施可以为本国厂商提供超过国外竞争对手的规模经济优势，这种规模经济优势又可以转化为更低的边际成本，从而增强本国厂商在国内外市场的竞争能力，最终达到促进出口的目的。也就是说，在不完全竞争的条件下，只要规模利益是递增的，那么一个受保护的厂商就可以充分利用国内封闭起来的市场扩大生产规模，不断降低产品生产的边际成本。同时，通过销售经验的积累也会使销售成本沿着学习曲线不断下降，从而降低产品的总成本。本国厂商一旦在边际成本的竞争中具有优势，就可以对国外市场进行扩张，从而也就达到了促进出口的目的。对外部性强的产业提供战略支持，不仅能促进该产业的发展，使其在国内外市场扩张成功，而且本国还能获取该产业作为战略支持产业得到迅速发展而产生的外部经济效应[6]。一般来讲，新兴的高科技产业往往都具有较强的外部经济效应。这些产业所创造的知识和所开发的新技术、新产品，将对全社会的技术进步和经济增长产生积极的推动作用，虽然身处这些产业中的企业可以获得它们对生产知识进行投资所带来的收益，但却不是全部收益，因为知识外溢往往具有无偿性。因此，为了保护企业创造知识的热情，刺激企业的知识开发活动，扩大知识外溢所产生的经济效应，就使政府补贴和扶持变得十分必要。

战略贸易理论的核心，是强调政府通过干预对外贸易而扶持战略性产业的发展，是一国在不完全竞争和规模经济条件下获得资源优化配置的最佳选择。战略贸易理论否定了传统自由贸易理论的前提，使市场本身运行结果处于“次优”境地，并指出适当的政策干预有可能改进市场运行的结果，从而使自由贸易政策失去最优的地位。适当的贸易政策干预指的是战略性的政策干预，由于国际市场上不完全竞争性质的存在，市场份额对于各国企业来说显得尤为重要。常见的战略性贸易政策有给予本国企业生产补贴、国内税收优惠、信贷优惠、对本国消费者予以补贴、而对外国竞争产品征收关税等。这些政策必须适度地加以使用才会达到良好的效果。

贸易战略是国家间最直接的经济合作与斗争指导方针，其效果及时且显著，同时也容易遭到对手报复，是一把双刃剑。（见附录VIII）现在世界绝大多数的国际贸易争端都源于各国对自己国内产业发展的扶持或对别国相同产业的关税遏制。最终容易导致贸易保护，阻碍生产效率提高，应当慎用。

第四节 商品期货战略

在国际贸易中有一类特殊的商品，交易量十分巨大，涉及工业基础原料与能源，影响国计民生，称为大宗商品。主要包括农副产品，基础原材料，能源商品三大类。世界各国对其基本采用低关税甚至零关税的政策，其国际价格对国内经济发展尤为重要。为了降低此类商品价格大幅波动带来的不利影响，世界各主要国家纷纷建立期货市场开展大宗商品交易。期货与现货相对应，是指当前交易、远期交割的货物。商品期货由来已久，与现代国际贸易中大宗商品的内容基本相同。后来又逐渐衍生出金融期货等特殊品种。

表 7-1　世界主要期货交易市场及交易品种

国家	交易所名称	简称	交易品种
中国	上海期货交易所	SHFE	铜、铝、锌、铅、黄金、白银、天然橡胶、大庆原油、汽油、燃料油、螺纹钢、线材
	大连商品交易所	DCE	玉米、黄大豆、豆粕、豆油、聚乙烯、棕榈油、焦炭、铁矿石
	郑州商品交易所	CZCE	小麦、棉花、菜籽油、籼稻、白糖、玻璃、动力煤
	中国金融期货交易所	CFFE	股指期货、国债期货
美国	芝加哥期货交易所	CBOT	玉米、大豆、小麦等农产品和国债期货
	芝加哥商品交易所	CME	畜产品、短期利率、外汇产品以及股指期货
	芝加哥期权交易所	CBOE	指数期权和个股期权
	纽约商品交易所	NYMEX	石油、贵金属
	纽约期货交易所	NYBOT	棉花、咖啡、糖
	美国（纽约）金属交易所	COMEX	金、银、铜、铝的期货和期权
加拿大	加拿大蒙特利尔交易所	ME	金融衍生品期权和期货
英国	伦敦国际金融期货及选择权交易所	LIFFE	货币、债券、短期利率、股票和商品的期货和期权
	英国国际石油交易所	IPE	布伦特原油
	伦敦金属交易所	LME	铜、铝、铅、锌、镍和铝合金等有色金属
瑞士 德国	欧洲期权与期货交易所	EUREX	欧洲国债和欧元区股指期货
日本	日本东京国际金融期货交易所	TIFFE	短期利率期货
	日本东京工业品交易所	TOCOM	贵金属、石油汽油等能源类产品
	日本东京谷物交易所	TGE	农产品期货
新加坡	新加坡国际金融交易所	SIMEX	能源和黄金交易，期货和期权合约，利率、货币、股指
	新加坡商品交易所	SICOM	天然橡胶
澳大利亚	澳洲悉尼期货交易所	SFE	利率、股票、外汇、商品和能源期货

续表

国家	交易所名称	简称	交易品种
南非	南非期货交易所	SAFEX	金融期货
韩国	韩国期货交易所	KOFEX	指数期权，美元期货及期权，CD 利率期货，国债期货，黄金期货

期货市场采用保证金制度，一般只需交纳商品价值的 5%-20% 作为履约保证金，即可进行交易，具有很强的杠杆效应。如今国际商品期货交易已经成为全球资源优化配置与共享的主要方式，成为任何一个国家不可避免的经济领域。从我们对一体化市场（本章第二节）分析中可以看到，通过操控国际大宗商品交易价格，可以左右一个国家内部的产业结构，影响国民经济，达到不战而屈人之兵的战略效果。如今实施最成功的一个期货战略就是原油，许多产油国堕入彀中。（见附录 IX）

以上事实深以为戒。因此国家应当制定完善的国际贸易战略，尤其应当重视关系自己国家经济命脉的大宗商品交易。在本国的强势领域，应当拥有制定价格的话语权，并建立完整的价格波动预警机制，科学分析价格变动对本国相关产业的直接影响以及对其他经济领域的间接作用，及早提出应对之策；在本国的弱势领域，应当逐步渗透并获得价格制衡及干预能力，建立监测指标体系，及时发现有利或者不利情况，避免遭受重大损失。

注释：

［1］国彦兵 . 国际贸易理论浙江大学出版社，2004.

［2］曼昆 . 经济学原理（第三版）下册［M］. 机械工业出版社，2003.277-299.

［3］保罗・R. 克鲁格曼 . 国际经济学——理论与政策（第七版）［M］. 清华大学出版社，2008.

［4］保罗・R. 克鲁格曼 . 工业国家间贸易新理论［J］. 国际经济评论，1984（4）.

［5］[以] 埃尔赫南・赫尔普曼，[美] 保罗・R. 克鲁格曼 . 市场结构与对外贸易［M］. 商务印书馆，1993.

［6］外部经济效应，是指某一产业的经济活动对其他产业乃至整个经济发展产生的有利影响。

第八章　股市战略

股票是一种聚众投资的所有权凭证，实质是把分散的资金集中应用于某个领域，预期获得更加丰厚的回报。股市直接作用于资本市场为财富投机行为创造了条件。现代社会股市是财富重新分配的重要场所，是经济交锋的最前沿。只有充分发挥股市在生产领域的资金优化配置作用，同时杜绝恶意操控炒作，才能使其服务于社会经济发展。

股票是一种聚众投资的所有权凭证，实质是把分散的资金集中应用于某个领域，预期获得更加丰厚的回报。它源于15世纪欧洲航海大冒险时期，航海者为了出海集资，再把获得的利益分配给出资人。从世界第一家股份公司荷兰东印度公司开始，世界上第一个股票市场在阿姆斯特丹交易所形成，迄今已经历时400余年。股票作为股份公司发行的所有权凭证，可以转让、买卖、抵押，是资本市场主要的长期信用工具之一。

股市最显著的作用有两种：第一，通过市场机制引导大众投资的产业方向，对于某些前瞻性高收益的行业以及政府引导的行业，集中社会资金使其加速发展；第二，通过股票价格波动，重新分配社会财富。作为一种特殊的金融有价证券，股票从诞生起就具有强烈的预期性和不确定性，它既不能消费也不能用于支付，唯一的作用是预期获得未来的回报。由此产生了交易中的“对赌”，认为未来收益减少的人选择卖出股票，认为未来收益增加的人选择买入股票，而财富就在买卖过程中实现转移。

与货币相比，股票是一种更容易控制，并且不易引起社会动荡的良好载体。可以实现强势集团的经济战略意图，因此被世界各国积极推行。迄今全世界各主要国家都成立了证券交易所。截至 2015 年 5 月，世界股市总市值超过 70 万亿美元。

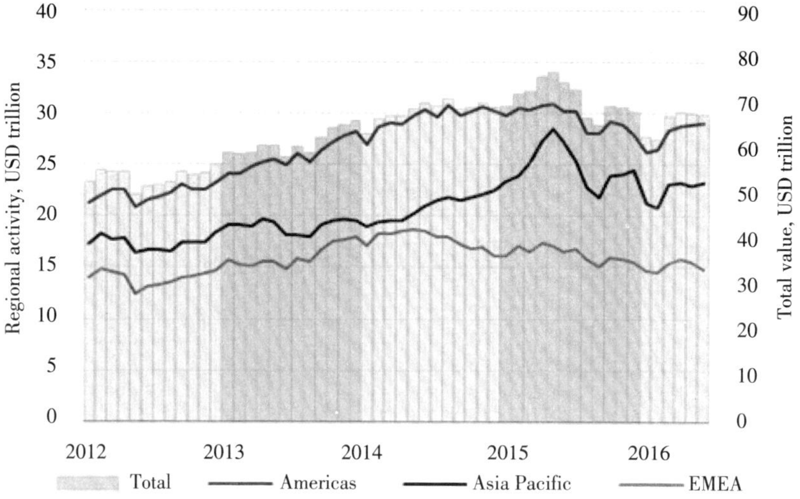

图 8-1　全球股市市值图（单位：万亿美元）

第一节　股市“坐庄”原理

股市直接作用于资本市场为财富投机行为创造了条件，发展到今天，更是成为强势集团控制经济发展方向和财富转移的有力工具，其短期作用甚至大于货币的影响。由于股市关系到千家万户中小股民的切身利益，其对个人资产的战略意义十分重要，本节先从股市盈亏原理说明财富重新分配的实现手法，有助于弱势的股民群体重新制定自己的股市投资策略。

在中国股市上有大大小小的许多“庄家”——通过大量资金控制某只股票的流通数量与价格的投资机构与个人，经过25年的不断洗礼，剩下的“庄家”都是股市中真正的掌控者和弄潮儿。沪深股市2600多只股票就像这些“庄家”掌握的2600多口“金矿”，每一口“金矿”都是巨额利润来源的保证。今天绝大多数的中国老百姓不清楚股市到底是怎样运行的，这些手握巨资的“庄家”到底是怎么赚钱的呢？

现在我们建立一个关于股票的数学模型来揭示其中真正的奥秘。

假设有一只股票叫作“A股”，共发行200万股，发行价格10元，总市值2000万元。我们再做一个大胆的“公平”假设，在“A股”任何一笔买卖行为中，都有相同比例的散户资金与“庄家”进行同样的操作，即不产生额外有利于“庄家”的情况，事实上由于庄家与散户信息不对称，现实中“庄家”更容易做出有利于自己的买卖决定。

第一阶段：“庄家”与散户同时申购，以最公平的方式各认购50%，总市值2000万元。

表8–1 初始认购

持股人	认购价格（元）	认购数量（万股）	总花费金额（万元）	持股比例%
庄家	10	100	1000	50
散户一	10	100	1000	50

结果：A股共投入2000万元，市值2000万元。

第二阶段：经济利好，资金持续流入股市，股价上升（10元–30

元）——牛市。

表 8–2　股价上升（牛市）

持股人	认购均价（元）	认购数量（万股）	持股总数（万股）	总花费金额（万元）	市值（万元）	持股比例 %
庄家	20	50	150	2000	4500	75
散户一	20	–100	0	–2000	0	0
散户二	20	50	50	1000	1500	25

（注：数字前的负号代表卖出。）

结果：散户一获利 1000 万元，退出。

A 股共投入 2000 万元，市值 6000 万元。

第三阶段：凭借利好，高位派发（股价波动，保持不变 30 元）——牛顶。

表 8–3　股价高位震荡

持股人	认购价格（元）	认购数量（万股）	持股总数（万股）	总花费金额（万元）	市值（万元）	持股比例 %
庄家	30	–50	100	500	3000	50
散户二	30	–16.67	33.33	500	1000	16.67
散户三	30	66.67	66.67	2000	2000	33.33

结果：庄家获现金 1500 万元，散户二获现金 500 万元。

A 股市值 6000 万元。

第四阶段：凭借利空，打压股价（30 元 –5 元）——熊市。

表 8-4　股价下降（熊市）

持股人	认购均价（元）	认购数量（万股）	持股总数（万股）	总花费金额（万元）	市值（万元）	持股比例 %
庄家	17.5	-50	50	-375	250	25
散户二	17.5	-16.67	16.67	208.275	83.35	8.33
散户三	17.5	-33.33	33.33	1416.275	166.7	16.67
散户四	17.5	100	100	1750	500	50

结果：庄家获现金 875 万元，散户二获现金 291.725 万元，散户三获现金 583.275 万元。

A 股市值 1000 万元。

第五阶段：凭借利空，震荡低吸（5 元 -10 元）——熊底。

表 8-5　股价低位震荡

持股人	认购均价（元）	认购数量（万股）	持股总数（万股）	总金额（万元）	市值（万元）	持股比例 %
庄家	7.5	50	100	0	1000	50
散户二	7.5	-5.56	11.11		111.1	5.56
散户三	7.5	-11.11	22.22		222.2	11.11
散户四	7.5	-33.33	66.67		666.7	33.33

（注：散户一、二、三、四是为了方便区分各个阶段参与者做的人为划分，现实中其为一个群体，有的先卖出后买入，有的先买入后卖出，交易行为跨越几个甚至所有阶段。）

结果：经过一个循环式的操作，庄家成功将股票成本转嫁散户，获得 100% 利润（如果算流动资金则为 50%）。

结论：由于庄家相比散户具备信息优势、资金优势、集中优势，可以左右股价，因此经历一轮起伏，庄家获得高额利润。

以上分析可以看出正确认识股价（大盘指数）所处阶段是财富增值保值的关键，而这又基于对整体经济发展现状以及宏观经济战略目标的清醒认识。

第二节　个人股市投资策略

因为股市关系到万千股民的切身利益，其对个人财富的增值保值具有特殊意义，所以本节专题研究个人股市投资策略，希望在理论上给予个人投资者一定的帮助。

个人投资股市首先要明确本国股市处在什么发展阶段。根据股市成立的时间、交易制度完善程度、投资者成熟度，可以粗略把股市划分为初创期、成长期、成熟期、衰败期四个阶段。目前处于衰败期的股市在全球范围内还没有出现。

初创期股市的特点是规模小，上市股票少，交易制度漏洞多，内幕交易普遍，暴涨暴跌频繁而无章法，投资者主要以缺少专业经验的个体为主。1990 年 12 月 1 日，上海股票交易所开业，仅有 30 种国库券、债券和被称为“老八股”的八只股票。当时交易制度实施 1%（后改为 0.5%）涨跌停板，股指经历 2 年多持续上扬，1992 年 5 月 21 日，沪市突然全面放开股价，当天大盘跳空高开在 1260.32 点，比前一天上涨 104.27%，而后三天股指达到 1429 点，5 只新股市值最高涨幅达到 30 倍。而后仅半年时间，股指跌回 386 点，跌幅达到 73%。接下去仅经历 3 个月，沪指又涨到 1558 点，涨幅高达 303%。然后再 1 年半，股指跌回 325 点，跌幅 79%。

成长期股市特点是规模不断扩大，上市股票越来越多，交易制度不断完善，内幕交易越来越隐蔽，“庄家”“联庄”手法越来越娴熟，形成趋势性涨跌规律，投资主体机构与个体投资者混杂，称为“与庄共舞”。2000年以后至今的沪深A股市场已经进入发展期。经历了2001年6月到2005年6月长达4年之久的趋势性下跌，上海A股从2005年6月6日的998点，一路高歌猛进到2007年10月16日的6124点，创下迄今为止的历史记录。其后由于美国金融危机爆发，仅用一年时间，到2008年10月28日，沪指跌到1664点。在这一轮涨跌过程中，股市财富重新分配的作用体现得淋漓尽致，新入市股民与散户成为最终的成本负担者。对照上一节的“坐庄”原理，应当有了深层次理解。而同期的中国股市成功实现了“股权分置”，并引入“QF Ⅱ”，为国际化奠定了基础。2008年11月到2013年6月，中国股市伴随着美国次贷危机、欧洲债务危机一起成长，期间波浪式起伏，涨少跌多，股市政策却在不停地修补完善。其中最具影响力的是2010年正式推出的股指期货——沪深300股指期货合约，宣布中国股市引入对冲机制以及2010年3月开通的融资融券交易系统，标志着中国股市杠杆与做空机制的实现。而一系列对上市公司股权交易管理办法、分红措施的规定是从主体标的上进行市场规范。这些措施终于在2014年3月后发酵，孕育了直到2015年6月的大牛市，2015年6月12日，上证指数达到5178点，成为历史第二高点，期间中国股市日交易额突破2万亿元。虽然随后暴跌到2016年1月27日的2638点，但是这一轮涨落标志着中国股市逐渐走向成熟。通过上证指数26年的走势图可以看出股市初创与成长期的历程特点。

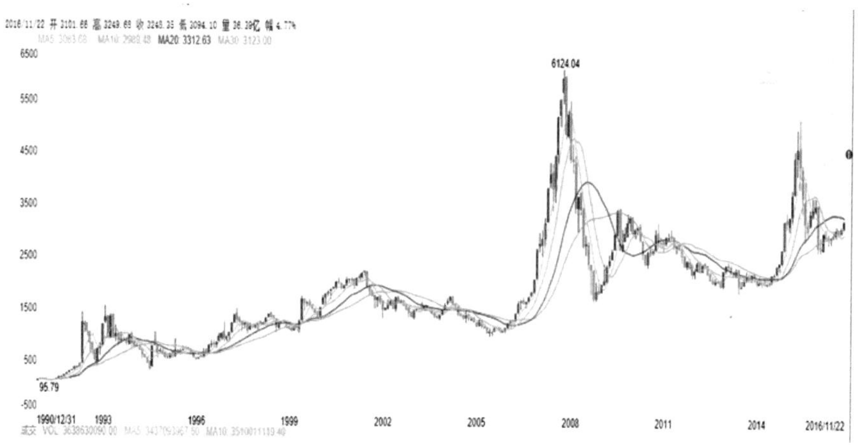

图 8–2　1990—2016 年上证综指月 K 线走势图[1]

成熟期股市特点是规模庞大，股票上市退市与交易机制完善，投资理念以内在价值型投资与成长型投资为主，基金等机构投资者成为市场主流，公众普遍参与，财富效应较为明显。20 世纪 80 年代至今的美国股市就呈现出成熟期的特点。1982 年在里根新政作用下美国股市道·琼斯工业指数突破 2000 点，1987 年 8 月达到 2736 点，经短暂调整，1990 年 7 月突破 3000 点，1995 年 11 月突破 5000 点，1999 年 3 月突破 10000 点，到 2000 年 1 月达到 11750 点，受“9·11”事件影响，2002 年 10 月调整到 7197 点，跌幅达到 39%；而后趋势性上涨到 2007 年 10 月的 14198 点，次贷危机爆发，2009 年 3 月深跌到 6469 点，历时 17 个月，跌幅达到 54.4%；随后又开始一路上行，如今已经超过 19000 点，上涨幅度达到 293.7%。如果从 1986 年开始计算，如今美国股市已经整整上涨到 10 倍。美国股市的持续繁荣与美国经济长期低通胀率、低失业率的强劲增长息息相关，也与美国股市完善的制度建设，投资者秉承理性投资的理念密不可分，更得益于美国面对突发事件与经济危机时高明的战略眼光与果断的实施行为，回顾其股市发展事件可见端倪。

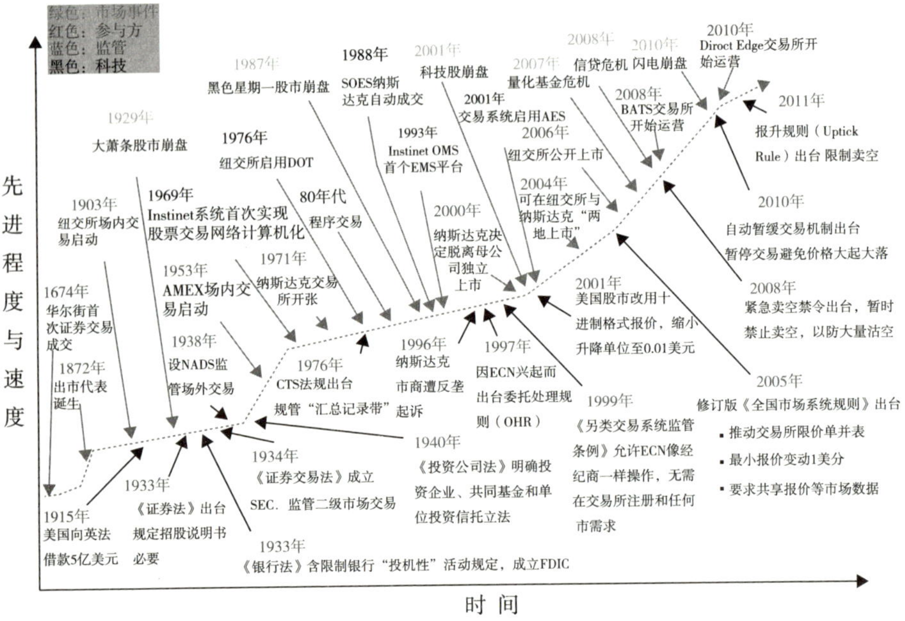

图 8–3 美国股市发展与关键事件[2]

由于中国股市处于“与庄共舞”的发展期，正在迈向“国际股市”的征程中，股市大幅波动仍然是发展常态。个体投资者在投资策略上应当依靠负责任的基金等机构，由更专业的人员开展投资活动，降低投资风险。自己操盘的投资者则需要掌握战略经济分析方法，看清经济发展大方向，利用闲置资金，做好价值投资、长期持股的准备，才能立于不败之地。

第三节　国家股市战略

股市是现代社会财富重新分配的重要场所，是经济交锋的最前沿。近百年来数次大规模经济危机都是先从股市非理性波动开始。因此它又被称为经济“晴雨表”。

1929 年 10 月 29 日，美国股市经历了“黑色星期二”。纽约证券交易所里所有的人都陷入抛售股票的旋涡之中，这是美国证券史上最黑暗的一天，是美国历史上影响最大、危害最深的经济事件，影响波及西方国家乃至整个世界。此后，美国和全球进入了长达 10 年的经济大萧条时期。这也是第二次世界大战爆发的经济原因。

1987 年 10 月 19 日，华尔街经历了“黑色星期一”。纽约股票市场刮起了股票暴跌的风潮，爆发了历史上最大的一次崩盘事件。道·琼斯工业指数一天之内重挫 508.32 点，跌幅达 22.6%，创下自 1941 年以来单日跌幅最高纪录。6 个半小时之内，纽约股指损失 5000 亿美元，其价值相当于美国全年国民生产总值的 1/8。这次股市暴跌震惊了整个金融界，并在全球股票市场产生“多米诺骨牌”效应，伦敦、法兰克福、东京、悉尼、中国香港、新加坡等地股市均受到强烈冲击，股票跌幅多达 10% 以上。股市暴跌狂潮在西方各国引起巨大恐慌，许多百万富翁一夜之间沦为贫民，数以千计的人精神崩溃，跳楼自杀。《纽约时报》称这一天为“华尔街历史上最坏的日子”。

2008年1月发生的环球股灾，因市场忧虑美国经济衰退、美国次贷风暴无法控制，以及法国兴业银行交易员热罗姆·凯维埃尔涉嫌违规巨额交易欧洲股价指数期货后的巨额平仓活动而引发全球金融市场震荡。1月21日，伦敦金融时报100指数、巴黎CAC40指数，法兰克福DAX指数，新加坡海峡时报指数，中国香港恒生指数，上海上证综指跌幅均超过5%。其后世界经济一路“走软”，2009年3月美国道·琼斯指数深跌到6469点，相较2007年10月的高点跌去54.4%。

股市非理性涨跌源于股票特殊的定价机制。从表面上看，股票价格是由买卖双方愿买愿卖公平交易决定，实质则是由局部交易决定整体价格的“杠杆机制”。因每日实时交易的股票数量，远远小于整体股市的股票总量，因此应用少量的资金就可以决定整体市值，更有甚者，某些交易市场还允许一种保证金下的融资融券交易，又一次放大了倍数效应。这就相当应用杠杆放大力的作用，产生了今天经济学界谈虎色变的“金融泡沫”。股市的定价机制为投机与欺诈行为创造了天然的温床。因为人性中贪婪与懦弱等负面情绪的存在，在股票价格暴涨与暴跌的过程中，会产生各种错位的买卖行为，大多数参与者高买低卖，造成不可估量的经济损失，社会财富也在虚拟经济泡沫破灭下烟消云散。

股市开创了用局部交易价格决定整体资产价格的先河。人类历史上出现的其他商品，往往是以市场上全部交易数量对应全部资金，由供给与需求平衡而产生的定价。如果人为囤积哄抬某种商品价格，一般会受到社会管理者的严厉制裁。而由股票形成的金融类产品，如各种有价证券、期货等正式成为人类社会商品的那天，就具有囤积交易的天然属性，价格操纵无时不在，社会强势集团可以利用这种强烈的投机性质，通过虚拟资产价格的浮动，左右真实世界的财富分配。根据“有利”原则，谁有利谁支持，股市得到世界各国政府的推崇与推广就不言而喻了。

从深层分析，股市等金融市场存在的战略意义除了引导资本投向外，更多在于消除实体经济运行中产生的通货膨胀，本质是社会多余货币消融器，而不是大众财富增长仪。根据通货膨胀产生的原理（第六章第四节），在现代社会管理体系下，通货膨胀是不可避免的，那么如何化解恶性通货膨胀带来的社会危机，不至于产生战争等颠覆社会结构的严重后果，金融市场交易无疑是一种巧妙的方式。在通货膨胀高启时将社会冗余货币吸引进股市（包括其他金融市场），利用市场交易循环回收封存或者销毁，则可以降低实体经济体系通货膨胀程度，降低社会动荡的危害，有利于维护社会管理秩序。

从战略经济角度分析，凡是有利于社会生产效率提高的就应当保留发展。股市等证券交易市场如果善加利用，一来可以引导社会资本投入到新兴领域，开拓新技术，推广新成果，不断提高劳动效率；二来可以通过市场机制对人类社会主要经济组织单元——股份公司进行筛选，优胜劣汰，保证资金与资源的合理高效配置；三来可以平衡通货膨胀的负面效应，起到经济稳定器的作用，因此其存在与发展都具有战略意义。国家应当善用其利，制衡其害。充分发挥股市在生产领域的资金优化配置作用，同时杜绝恶意操控炒作，使其服务于社会经济发展。

当一个国家允许外国投资者投资国内股市时，其股市可称为国际股市。国际股市存在的重要前提是该国的货币可以自由兑换且没有附加的资本限制。以此衡量目前真正意义上的国际股市并不多，大多数国家的货币仍然只能通过美元中介相互兑换，而美元顺理成章的可以投入到该国开展交易。如此就形成了特殊的汇市－股市－国际期货市场的对冲交易机会。如果善加推演利用，就可以从该国的经济体系中分到丰厚的利润，甚至冲击该国的经济秩序，引发金融危机。1997 年亚洲金融危机就是前车之鉴。（见附录 X）

战略经济认为，亚洲金融危机是汇市－股市联动的经典案例。其本质是东南亚国家经济快速发展过程中迅速积累的通货膨胀因素，当地政府将其转移到房地产泡沫与资本市场泡沫，期望巧妙化解。而以索罗斯为代表的外来资本强势参与，凭借优势资本（相对于当地政府外汇储备）与丰富的经验，引爆资产泡沫，造成该国货币贬值，从而攫取该国财富，引发经济危机。东南亚国家的失败正是缺乏经济战略思想指导，被动承受资本冲击的后果，教训惨痛，影响深远。

在股市国际化状态下，由于强势集团实力发生变化，本地与外部强势集团间存在利益博弈，根据战略经济强者原理，如果外部势力获得胜利，则对本国资产价格与财富分配产生重大影响，一般来讲都会造成社会财富的巨大流失。因此，在本国经济处于弱势地位下，构建股市对外来资本的“防火墙”是国际化股市必须制定的战略举措。其内容包括限制境外资本参与数量、限制自由流动、制定预警机制，完善监管措施。

注释：

［1］《新浪财经》，上证指数。

［2］《图解美国股市 340 年成长史》，华尔街见闻，2014 年 6 月。

第九章　资产战略

资产价格是如何决定的？价格变化是否有明显趋势？价格水平是否可以预测？资产与货币是一体两面的关系。一体指二者都是物质财富的表达方式，两面指二者在相对价格上具有此消彼长的对立性。房地产泡沫的本质是为了掩盖通货膨胀，国家应当制定以保障居住权为核心的房地产长期发展战略。

现代社会存款、股票、债券等统称为金融资产，我们在前文已经做了论述；还有一类与人的生存、生产息息相关的物质财富称为实物资产，如物资、工具、机器、土地、房屋等，房地产是其中最重要的一种资产。首先，房地产是承载人生产、生活的场所，具有不可替代的客观需求；其次，房地产在市场经济体制下作为一种特殊商品具有庞大的市场价值，而其定价往往对一国经济的基础产生根本影响，是国家经济重要的组成部分。

第一节　资产价格

资产定价理论在2013年成为诺贝尔经济学奖的宠儿，欧仁·法马、拉尔斯·彼得·汉森、罗伯特·席勒三位经济学家以对资产价格的实证研究获奖。资产价格对于许多重要决策都非常关键，它不仅涉及专业投资领域，也与日常生活息息相关。很多时候，个人面临保留现金、储蓄、买股票、购置房屋等多种选择，最终行为决定于个人对持有这些资产风险与收益的预期。同样，资产价格对于国家宏观经济层面也有非凡的意义，它是国家财富的重要组成部分，也是经济健康发展的基石。

资产价格是如何决定的？价格变化是否有明显趋势？价格水平是否可以预测？这些问题既古老又关键。根据欧仁·法马的实证研究，他发现股票市场短期预测的程度非常有限，如果考虑交易成本，几乎不存在任何可以套利的机会。用理论简要说明，如果有两种资产，无风险回报率分别是 R_a 和 R_b，并且 $R_a>R_b$，如果两种资产都可以卖空，那么持续卖空 b 资产并买入 a 资产，就可以获得无风险回报率 R_a-R_b，无论多大规模都可以获得固定收益。这显然违背了均衡原则，因此一定有 $R_a=R_b$。推而广之，则所有资产理论上都应该具有相等的无风险回报率。而从长期来看，罗伯特·席勒却发现股票市场“是相当可以预测的”，平均而言，市场在价格（用公司盈利归一化）高的时期之后向下走，而在价格低的时期后向上走。这个在股票市场上几乎是常识一样的现象被经济学家们赋予了严格意义的数学说明，并建立了资产定价模型（CAPM）。该模型认为，与整体市场相关性较强的资产具有更高的风险，因此需要更高的回报作为补偿。通俗地讲就是股票随市场行情波动太大，因此需要更高的回报率才能获得投资。后来的经济学家又引入股票的总市值和市净率，并发现具有三个因子的扩展模型的解释力比单因子的 CAPM 模型更强[1]。

放弃繁琐的数学证明过程，我们直接来看行为金融学与理性投资理论对资产价格形成的解释：

行为金融学认为投资者心理特征主要有四个特点。第一是自信情结：高估自己的判断力，过分自信。心理学研究发现，当人们称对某事抱有90%的把握时，成功的概率大约只有70%。第二是回避损失：趋利避害是人类行为的主要动机之一，而在经济活动中，人们对“趋利”与“避害”的选择是首先考虑如何避免损失，其次才是获取收益。实证研究进一步表明，人们在从事金融交易中，其内心对利害的权衡是不均衡的，赋予“避害”因素的考虑权重是“趋利”因素的两倍。第三是追求时尚和从众心理：位置消费理论认为，人们对相对经济地位的追求在空间上表现为与他人相比。可见，人们的相互影响对各人决策行为有很大的影响，而追求时尚与从众心理便是其中最突出的特点。因此，在金融投资领域，金融学家已经开始将这一特点作为重要的投资决策因素加以考虑。第四是后悔与谨慎：这种心理状态普遍存在于人们的经济活动中。即使决策结果相同，如果某种决策方式可以减少投资者的后悔心理，对投资者来说，这种决策方式仍然优于其他决策方式[2]。

到目前为止，一些对金融市场行为产生系统影响的决策行为特征已经得到行为金融学家们的公认，并将它们作为对决策者的基本假设：第一，决策者的偏好是多样的、可变的，他们的偏好经常在决策过程中才形成；第二，决策者是应变性的，他们根据决策的性质和决策环境的不同选择决策程序或技术；第三，决策者追求满意方案而不一定是最优方案。尽管这些对于决策特征的研究还处于尝试性阶段，而且它们之间相互作用的特点和对市场的影响并不十分明确。但一些实证研究表明，投资者决策行为特征与市场中的有关投资特性是相关的：股票价格的过度波动性和价格中的泡沫；投资者中存在追随领导者和从众行为；对风险的高估；过早的售出盈利投资和过晚售出失败投资；投资者对现金股利的不同偏好；对时间性分散投资组合（通过不同期限的投资组合来分散风险）的不同态度等[3]。

战略经济认为，资产与货币（含储蓄）是一体两面的关系。一体指二者都是物质财富的表达方式，两面指二者在相对价格上具有此消彼长的对立性。因此不能脱离货币研究资产价格的决定。行为金融学为资产战略实施过程提供了翔实的实证研究基础。就短期而言，任何一种资产战略都不可能创造一种无风险的获利机制，否则战略制定者根本无法通过战略实施过程获得利益。就长期而言，经济长期发展的本身会创造更多的物质财富，将其表达为货币形式还是资产形式的增长关键在于对货币与资产收益分配的调节。如果货币的收益高（高利息率与低通胀率），则货币价格相对资产价格高，相同的货币可以购买更多的资产，人们倾向于持有货币；如果资产的收益高（高通胀率与低利息率），则资产价格相对货币价格高，相同的资产可以卖出更高的价钱。人们倾向于持有资产。

在经济领域，没有任何经济现象是单独存在的。资产价格随经济发展与货币价格发生变动，货币价格又受到需求与供给，利率与汇率的影响，因此在一个特殊经济现象的背后往往是多种因素共同作用的结果。制定初始规则与预期目的，应用行为金融学的理论，辅之以一系列配套措施就可以实现资产战略。

第二节　资产泡沫

股市等金融资产泡沫在上一章中已经深入探讨，本节主要研究房地产泡沫。侧重于资本与土地的分配标准有利于阶层固化与不劳而获，往往是经济发展后期出现的现象，阻碍经济持续健康发展。因此，国家必须时刻警惕与抑制资本与土地在分配标准中的比例，否则将会出现无法预料的危机。经济学中有一个生动的说法“十次危机九次地产”，指出了资产泡沫对经济发展的深刻危害。既然如此，为什么许多国家罔顾资产泡沫危害，乐此不疲地推动泡沫膨胀直至无法收拾呢？

战略经济认为，房地产泡沫的本质是为了掩盖通货膨胀，尤其是恶性通货膨胀。通货膨胀原理（第六章第四节）表明通货膨胀是社会财富被侵占后出现的经济现象。现代经济研究表明，从世界各国经济运行周期来看，资产价格的上涨正是通货膨胀初期的重要体现，而传统意义上的通货膨胀，即 CPI 的上涨则具有一定的滞后性，往往在资产价格上涨后才开始反弹[4]。房地产正是承载通货膨胀最合适的方式。这是由房地产的性质决定的。首先，房地产市场具备实用与投资双重属性。它既是一种生存必要需求，具有更新换代空间，又因其经久耐用，具有投资价值；其次，房地产市场关系每一个家庭，体量巨大，可以容纳的财富数量超过任何一个耐用品市场。最重要的是，房地产市场中的土地资源往往掌握在社会强势集团手中，初始经济成本小，增值利润空间大。由此房地产作为通货膨胀发生后的等价物对应社会剩余货币，可以很好地掩盖剩余产品被无偿侵占的事实。随着通货膨胀越来越凶猛，房地产价格就像不断吸水的海绵一样越来越高企，直到失控后引起金融危机。这个过程十分类似人的吸毒过程，欲罢不能。因此把房地产称为“经济鸦片”实至名归。

巨大的房地产市场，需要多大资金量来推高其价格呢？答案少得出奇。以中国房地产市场为例：2015 年，商品房销售面积 128495 万平方米，商品房销售额 87281 亿元。而据相关机构估算，同期中国房地产总市值达到 270 万亿元，超过国民生产总值（GDP）67 万亿元 4 倍以上。由此得出，每年仅 3.2% 的交易量，就决定了整个房地产市场价格，杠杆率超过 30 倍。这样的数字让以投机交易著称于世的沪深股市相形见绌。据上海市统计局发布，2015 年上海证券市场股票筹资 8712.96 亿元，股票 1125 只，增加 86 只，全年股票成交金额 133.10 万亿元。而 2015 年沪市股票市值为 22.9 万亿元。因此，房地产市场孕育了巨大的投机机遇，可以创造数倍于己身的虚拟财富。与此同时，又可以正向带动一系列相关实体行业的投资与扩大规模，对于发展中的经济体与个人来说，足够吸引全身心投入而不能自拔。

长期房地产价格“畸高”会引发一系列社会问题，首先是侵占个人的居住权利。目前在中国北京、上海、深圳等“一线”城市，由于房地产价格远远高于普通百姓购买力，普通家庭已经失去了改善居住环境的能力，年轻人更为了一套住房耗费父辈、祖辈一生的积蓄，自己还要背负巨额债务。其次是增加了企业生产成本，降低产品竞争力。一则地租上升直接侵蚀企业利润，二则劳动工资必须跟随上涨的租房、买房成本不断提高，进一步加重企业负担。长此以往，对比房地产“财富效应”，实体经济愈见萧条萎缩。

其实，一个地区经济发展，居住环境、道路交通、生活便利、安全舒适等各方面条件的改善，社会总收入的增加，自然会引起房地产升值，这是一个循序渐进的发展过程。问题的关键是如何按照发展的速度有比例的提高价格。在人类历史上资产价格以货币形式体现，货币多为自然界贵金属加工而成，数量发行有绝对限制，因此很难发生资产价格的倍数增长。如今各国均以纸币发行替代金属货币流通，而以美元为首的纸币在布雷顿森林体系解体以后与贵金属脱钩，完全摆脱了“锚”的限制，恣意印刷的纸币必然涌向不加价格限制的资产领域推波助澜，赚取所谓“最大利润”。在经济快速发展阶段，这种非理性的价格上升会被增长掩盖，不会引起警惕与重视；而一旦经济发展遭遇瓶颈，增长停滞甚至衰退，反向流程就会开启，因其虚拟经济成分过大，价格将会经历骤降与持续下跌的过程，社会财富顷刻间土崩瓦解，国家与个人遭受重大损失。因此管住资产价格泡沫的关键在于管住印刷钞票提升经济的盲目冲动。

第三节　市场战略

制定战略，必须明确想要达到的目标。前文所述的房地产泡沫源于强势集团在社会管理过程中（主动或被动）引发的通货膨胀，为了掩盖通胀越来越高企的社会现实，制造经济表面繁荣的假象，明知不可为而为之。这不能称之为房地产发展战略。一个国家的房地产战略，首先要保障国内公民的基本居住，这既是人生活的必需需求，又是经济发展、社会稳定的基础。从原始社会开始，人就摆脱了风餐露宿的生活习惯，如果因为经济发展使得人居无定所，只能称为文明的倒退。因此，任何一个政府都必须保障人的居住条件，否则必将引起社会动荡。其次，国家应当努力满足社会成员对居住条件的改善性需求。住得更宽敞、舒适、安全、便利是个人与家庭正当的追求，也是经济发展的动力。对此应当善加引导和保护，区别对待不同民族、不同年龄、不同性别群体的实际需求，创造更加宜居的环境改善社会居住条件。最后，对于经济实力更强，居住要求更高的群体，政府可以在一定限度内划出资源，以更高昂的代价满足其需求，并将获得的利益回馈社会。

凡战者，以正合，以奇胜。以上三项是房地产战略的基本目标，是谓以正合。以此为基础，每个国家可以视自己的土地资源、人口情况、经济实力的不同，制定不同的战略方针。地广人稀的国家，可以制定吸引外部人口前来定居的策略，协助推动本地经济发展；人口众多人均国土面积较少的国家，可以区别制定居住政策，向人口密度低的地区倾斜社会福利，促进国内经济均衡发展，充分开发自身土地资源，同时鼓励外部合作，开拓国际居住集中区。是谓以奇胜。

无论从哪个角度，国家必须时刻警惕严重房地产泡沫的发生。尤其是开放型经济体，允许国际资本进入本国房地产市场，产生泡沫对本国经济影响更大更长久。房地产泡沫会持续从其他行业吸取发展资金，不断壮大自身，同时挤压其他行业的生存空间。一部分赚取大量利润先知先觉的资本持续流出国境，造成国内通货紧缩。一旦泡沫破裂，其严重的后果不亚于打输了一场全面战争。战略经济认为，一旦国家房地产泡沫超过国际警戒水平，必须马上调整，越拖延损失越大，直至不可收拾。

注释：

[1]《理解资产价格》，瑞典皇家科学院经济科学奖评审委员会，2013 年 12 月 .

[2] 饶育蕾，张轮 . 行为金融学 [M]. 上海：复旦大学出版社，2005.

[3] Shefrin，Statman. “The Disposition to Sell Winners Too Early and Ride Losers Too Long: Theory and Evidengce”，The Journal of France，1985，7.

[4]《资产价格已成为通胀先行指标》，新华财经，2009 年 6 月 8 日 .

第十章　文明未来

战略经济是一种观察经济现象，分析产生机理，认识本质原因的方法论。科学技术是源于人类智慧的创造，是一切改变之源。全球教育体系、全球文化体系、全球医疗体系的融合已然临近，它们将逐渐掀起人类历史上最大的产业化进程，从而拉动整个世界经济持续增长。

战略经济是一种观察经济现象，分析产生机理，认识本质原因的方法论。通过经济发展历史脉络，运用逻辑推理，判断社会经济大致走向，指导趋利避害的社会行为。在本书的最后，让我们用最大胆、最浪漫的方式推衍一下人类文明的未来。

因为科学技术的跨越性发展，人类生产力有了质的飞跃，终于打破了“道法自然、天人合一”的原始发展阶段，走上以人为本的现代文明之路。人类世界经历了300年左右的战乱动荡，出现了今天的文明新秩序。不幸的是历史上领先的中华文明衰落了，代之以欧美文明统治世界——即资本主义制度。资本主义的实质是利用资本的流动属性极大地集中了人类的资源和智慧，开创出文明加速发展的新局面。在这种资本主义生产方式下，人类第一次掌握了大规模改变自然的力量，“神灵”隐退了，人成为这个世界的主角。

科学技术是源于人类智慧的创造，是一切改变之源。在基本物质层面，它改变了人类衣食住行的数量和质量，使我们能够更自由舒适地生活；在生存拓展层面，它改变了人类教育、文化、卫生的形式和内容，使我们能够更文明健康地生活；在社会组织层面，它改变了政府公共管理的方式方法和军事斗争的战略战术，使得经济发展成为国家间竞争的主要方式。因为人类文明的迅猛发展，原来显得无穷无尽的资源和能源已经捉襟见肘，转变成为一种发展的限制条件，如今为了争夺资源、能源而进行的地区冲突比比皆是。

我们进入了发展的瓶颈，但人类社会没有绝望。恰恰相反，这个文明体系甚至远远没有发展到她的巅峰时刻。下一步应对能源和资源限制的科学技术突破将拓展人类的视野，先是海洋，然后是太空，都将成为人类新的发展之地。当然这可能是百年之后的事情了。

生物技术、新材料技术、新能源技术、信息技术的结合，将使得人类能够创造出另一个全新物种——智能机器人，这种仅出现于科幻作品中的人类智慧的结晶将很快出现在我们的生活当中。数百年之后，人类也许会逐渐开始一个新的生产方式，人对智能机器人的控制奴役。无论在海洋开发还是太空开发过程中，这种生产方式都将体现得淋漓尽致，人类种族也会在不知不觉中转型，成为真正的只从事创造等思维劳动的种族。人类社会文明的巅峰期将出现在智能机器人普及之后的数百年间。从战略经济角度看，石器时代、青铜器时代、铁器时代、机器时代、智能机器时代，将是人类持续提高生产力的发展脉络。

如今我们面临着全球经济一体化趋势，跨国公司将全方位地在人类文明的各个领域发展推广。全球教育体系，全球文化体系，全球医疗体系的融合已然临近，它们将逐渐掀起人类历史上最大的产业化进程，从而拉动整个世界经济持续增长。

在未来很长一段时期，人类可以用持续发展解决内部资源不足的矛盾，规避大规模毁灭性战争。在这颗美丽的蓝色星球上，我们生存繁衍，开拓发展，一步步走出属于自己的文明之路，也将一步步走向文明的巅峰。

附　录

I、印度农产品价格政策

（来源：《地方财政研究》，2013 年第 4 期）

为确保农产品（主要是粮食）的有效供给，印度政府实施了多种价格支持政策，主要包括生产者政策和消费者政策。前者主要通过最低支持价格（MSP）、市场干预价格（MIP）和缓冲库存储备（BSO）对农产品生产者施加影响，而后者主要通过定向公共分配系统（TPDS）对农产品消费者发挥作用。两种政策发挥作用的关键在于政府对农产品的价格支持，对不同领域农产品价格的差额部分进行补贴。

在政府实施价格支持过程中，首先，印度农产品成本和价格委员会根据农产品成本，结合工农产品、作物间的比价、供需状况及农民的合理利润等因素，向政府提供农产品订购的价格建议，经政府有关部门确认后被确立为最低保护价；其次，印度食品公司根据最低支持价格收购农产品，然后经过缓冲库存储备后以中央发行价格
府销售农产品。值得一提的是，印度食品公司在收购农

生的费用，包括各类税费、佣金、运费、储藏费用等，一同构成农产品收购的成本价格。而中央发行价格则低于农产品收购成本，两者差额由政府进行补贴；最后，在通过定向公共分配系统向消费者提供农产品阶段，通过政府提供财政补贴并采取差别价格待遇，使高于贫困线的家庭以高价格购买，而低于贫困线的家庭以较低价格购买农产品，以确保不同收入阶层均获得相应的农产品供应。此外，对于最低支持价格能涵盖的产品，如园艺产品和易腐烂农产品，则实行市场干预价格（MIP）。若农产品市场价格低于特定的价格水平，政府以市场干预价格收购农产品，期间所产生的费用和损失由中央政府和各邦政府共同承担，从而扩大了农产品补贴扶持的范围。

表 1　2002—2011 年印度主要农产品最低支持价格

单位：卢比 / 百公斤

农产品 年份	稻谷（普通类）	玉米	棉花	小麦	大麦	甘蔗
2002 年	530	485	1675	620	500	69.5
2003 年	550	505	1725	630	525	73.00
2004 年	560	515	1760	640	540	74.50
2005 年	570	540	1760	650	550	79.50
2006 年	580	540	1770	750	565	80.25
2007 年	645	620	1800	1000	650	81.18
2008 年	850	840	2500	1080	680	81.18
2009 年	950	840	2500	1100	750	129.84
[illegible]	1000	880	2500	1120	780	139.12
[illegible]	1080	980	2800	1285	980	145.00

[illegible]tural Statistics at Glance 2010；Agricultural Statistics at Glance 2011。

如表 1 所示，2002 年至 2011 年，政府对主要农产品的最低价格支持水平绝对量均实现了不同程度的增长。在相对量方面，十年间政府对甘蔗的最低支持价格增幅高达 108.63%，在六种主要农产品最低支持价格中增幅最大。而小麦、稻谷和玉米的最低支持价格增幅分别为 107.26%、103.77% 和 102.06%，大麦和棉花的最低支持价格增幅则分别为 96% 和 67.16%。不难发现，印度政府对农产品的财政补贴力度在逐渐增加。尤其对于粮食而言，补贴总额已从 1990 年的 245 亿卢比增至 2010 年的 5557.8 亿卢比，20 年间补贴数额增长了约 22 倍。此外，从粮食补贴占印度中央政府预算支出的比重看，1995 年至 2010 年印度的粮食补贴占财政支出总额的比重整体上仍旧趋于上升。

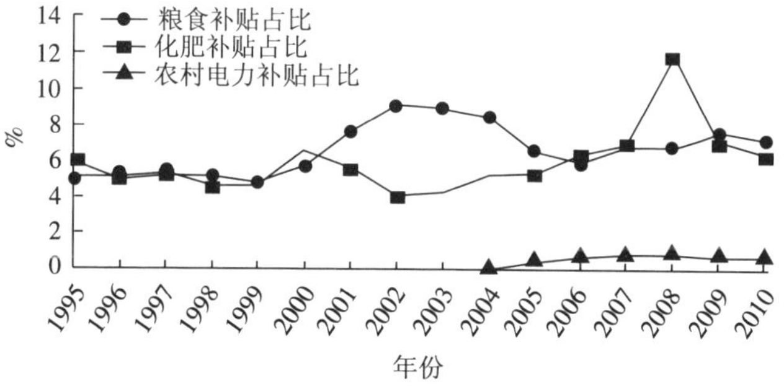

图 1　印度各类补贴支出占中央政府预算支出的比值

数据来源 :Indian Public Finance Statistics (2010—2011)；Indian Public Finance Statistics(2004—2005)。

2010 年

2011 年

数据来源：Agricul

Ⅱ、苹果的全球产业链

（来源：《解放日报》，2011 年 4 月 4 日）

苹果公司生产的 iPod、iPhone 和 iPad 产品系列不仅改变了 IT 业的世界版图，而且引领了一种新的娱乐方式和消费方式，创造了一种文化。

2001 年 10 月 23 日，苹果公司推出的 iPod 很快便得到市场的热捧，2005 年全球销售量达 1500 万台。iPad 推出时的最低售价只有 499 美元，这在当时出乎许多业界同行和消费者的预料，也压缩和封闭了其他公司类似产品的生存空间。奇妙的产品设计和不高的价格刺激了市场销售，巨大的销售量为苹果公司带来了惊人的超额利润。iPad 和前期的 iPod、iPhone 为什么拥有价格优势？为什么可以在短时期内迅速突破研发瓶颈、生产瓶颈并投入市场？关键在于苹果公司的产业链。iPad、iPod 等的设计在苹果公司，但它的零部件供应和代工生产企业却分布在世界许多地区，它们要么拥有技术优势，要么拥有低廉的劳动力，要么拥有区位优势等。以长度相当于一张信用卡、宽度仅相当于 2/3 张信用卡的 iPod 来说，其微型硬盘、解码器、PCB 板等由日本东芝、韩国三星和荷兰飞利浦等国际知名企业提供。电池、充电器、触摸滚轮和耳机等主要由中国台湾和大陆的企业提供。这是就零部件的供应而言。就代工生产而言，苹果公司将 iPod 的代工生产资格给了 4 家中国台湾企业，分别是广达电脑、英华达电脑、FSK 和华硕电脑。这些代工企业又主要通过在中国内地的生产基地生产，以充分利用中国内地的丰富、廉价的劳动力资源。就销售而言，苹果公司一是利用沃尔玛的销售渠道；二是通过专门设立的专卖店；三是通过寻求有意向的经销商和代理商进行销售。在整个产业链的协作下，小巧、轻盈的 iPod 在美国市场上亮相的售价为 299 美元。iPod 产业链上的收益分配大致为组装加工、经销代理和苹果公司自己获取的收益，占增加值的比率分别为 5.5%、20.6% 和 73.9%。如果产品通过苹果专卖店直销，则苹果公司的收益更是高达增加值的 94.5%。iPad 的产业链与 iPod 高度相似。美国权威市场调查机构 iSupply 的调查显示，iPad 所有零部件的成本仅为 219.35 美元，还不及零售价格的一半，平均成本为 260 美元左右。苹果公司在 iPad 的产业链中的收益占增加值的比率为 50% 以上，据说台湾地区的代工生产企业只得到增加值的 3% 左右。“苹果”的聪明和可怕，不仅在于它超前的技术设计理念，而且在于它对全球范围内产业链的充分利用和有效整合。产业链本质上是社会分工的体现，对产业链的利用就是对社会分工网络的利用。

III、苏联解体的代价

（来源：“天涯论坛”）

1. 宏观经济

从 1991 年苏联解体，到 20 世纪末，俄罗斯国内生产总值比 1990 年下降了 52%；同期工业生产减少 64.5%，农业生产减少 60.4%，卢布贬值，物价飞涨 5000 多倍。原苏联的国内生产总值，1989 年增长 2.5%，1990 年下降 2.2 %，1991 年下降 9.0%。以后是俄罗斯了，它的国内生产总值，1992 年下降 18.5%，1993 年下降 12.0%，1994 年又下降 12.0%。如果以 1989 年为 100，俄罗斯的国内生产总值到 1994 年时已降为 56.2。将近下降一半。

2. 寿命

俄男性现在的平均寿命为 58.6 岁，比 20 世纪 90 年代初苏联解体时男性寿命的 63.4 岁还低了 4.8 岁。2007 年中国男性平均寿命 70 岁。“人均预期寿命”则是一个可比的硬指标。据俄罗斯官方通讯社“俄通社—塔斯社”报道，俄罗斯统计局发表的统计数据表明：从 1990 年到 1993 年，俄罗斯的人均预期寿命缩短了 5 岁。

表 1：俄罗斯人均预期寿命统计

俄罗斯人均预期寿命	女人	男人	男女合计
1989 年	74 岁	67 岁	70.5 岁
1993 年	72 岁	59 岁	65.5 岁

1995 年 2 月，俄罗斯劳动部部长梅利基扬宣布：这几年，俄罗斯的人口出生率连年下降，人口死亡率连年上升。1994 年，人口出生率停止下降，但死亡人数超过出生人数 70%。1994 年死亡人数比 1993 年上升 8%。死者中，2/3 是青壮年。

3. 人口

俄连续 15 年每年人口缩减 60 万至 90 万人。

4. 工资

1988 年，苏联人民月平均工资可以买 1250 公斤土豆，1992 年只能买 172 公斤土豆。2008 年俄国恢复到 1989 年的收入水平。考虑到苏联解体后巨大的贫富分化，底层百姓的生活更加凄惨。

5. 食物

1990 年，包括下水和猪膘油的肉类，人均消耗 75 公斤，到 2000 年只有 45 公斤。1990 年，牛奶和奶制品消费人均消耗 387 升，到 2000 年只有 215 升。注意，1990 年的时候，老百姓的生活水平比起 1988 年已经发生了急剧下降。

6. 货币

苏联解体之前，卢布很值钱的，但是在三次兑换货币之后，卢布的价值接近废纸，许多人毕生的积蓄毁于一旦，沦为赤贫。

7. 贫富分化

俄罗斯最穷的20%人口人均收入1991年是11.9%，到1999年下降为6.2%；最富裕的20%人口人均收入1991年是30.7%，到1999年上升为47.4%。

8. 粮食产量

苏联1991年粮食产量3.2亿吨，2008年左右俄罗斯粮食产量8000万吨。苏联是粮食进口国，而现在成为粮食出口国，因苏联时期生活水平高、消费水平高，现在俄罗斯人生活条件下降，肉类、蛋类等消费减少。

9. 国债

苏联留给俄罗斯的债务是649亿美元，

2008年俄罗斯的外债是5600亿美元。

10. 腐败

透明国际的2010全球清廉排行榜，中国是第78位，俄罗斯是121

位，实际上俄罗斯一直在一百二十多位，是世界上最腐败的国家之一。

11. 俄罗斯的科学正在走向死亡

俄罗斯作为一个科技大国，科学家和工程师在变轨中受到了极大的冲击，整个科研体系完全被破坏。

12. 俄罗斯去工业化

近 10 年来，俄罗斯投资下降了 80%，工厂根本不开工。1985 年，俄罗斯经济总量是当时中国的 2.5 倍，现在只有中国的 1/5。普京曾说，俄罗斯经济要恢复到 1990 年的水平，需要每年增长 8%，连续增长 15 年。整个工业基础都毁掉了，一无所有，完全没有技术、没有积累、没有基础。

13. 俄罗斯沦落为资源出口国

俄罗斯的 GDP 有一半都是石油创造的，在世界产业链的地位就是资源出口以及初级加工工业。靠着疯狂采油，疯狂开采天然气，俄罗斯才维持了今天的经济。而现在世界原油储量第一大国还是沙特，俄罗斯原油储量连委内瑞拉都比不上。

14. 黑社会

俄内政部长称 1/10 国土受黑社会操控。叶利钦 1996 年也承认：现今的俄罗斯已超过了意大利，成为国际社会最大的黑手党王国。1/4 国民经济“染黑”，受控于有组织犯罪集团。

15. 军队

没落的海军军舰已减少了1000艘，而核潜艇也减少了2/3。目前俄军的开支预算，每年只有50亿美元，仅是美军开支预算的1%。空军在苏联解体后监控领空能力丧失近5成。

16. 结论

普京曾说：“苏联的解体，是20世纪最严重的地缘政治灾难，对于俄罗斯人民来讲，它是一场真正的悲剧”，“俄罗斯在政治和社会经济动荡、剧变和激进改革中已经筋疲力尽……社会濒临崩溃，经济上、政治上、心理上和精神上濒于崩溃”。苏联解体后，按1995年价格计算给国家造成的经济损失超过9500万亿卢布，相当于卫国战争期间损失的2.5倍。

Ⅳ、2010 年以来美国经济战略大转向

（来源：中国行业研究网）

美元主导国际经济金融周期，美国主导国际周期。充分认识美元和美国的战略转变，是认识全球经济金融体系和全球体系的前提。2010 年以来的美国有什么重大转向？

第一，美联储从 10 年宽松政策周期转向未来 5 年左右的紧缩周期。

2013 年 12 月 18 日，美联储宣布将开始每月缩减资产购买，这是美联储开始从过去 10 年的货币宽松周期转向紧缩周期的标志性事件。随着美联储退出 QE 完成，按照当前的一致预期，美国的货币政策正在发生从极度宽松向紧缩的大转向。

第二，美国财政从绝对扩张到相对收缩的转向。

美元是基于美国国债的债务货币，美国所有的扩张与收缩最后均表现为美国财政的扩张与收缩。2009 财年是美国财政扩张最高的一年。这一年，美国财政赤字达到 1.4 万亿美元，占美国 GDP 的比例高达 9.8%。这之后，美国财政赤字率开始缩减。美国国债 /GDP 的规模在随后的 2010—2012 年仍然处于扩张阶段。但在 2013 年，美国财政经历了历史上最严重的紧缩，财政收入达到 2.77 万亿美元，超过 2008—2012 各财年，3.45 万亿美元的财政支出则降低到 2009 年以来新低，最终取得 6800 亿美元财政赤字，占 GDP 比例为 4.1%，较 2012 年降低

38%，较 2009 年的峰值 1.4 万亿美元（GDP 占比 9.8%）降低一半以上（52%）。2013 年，美国债务 /GDP 的绝对规模也已经开始下降。展望未来，我们预计美国财政赤字将下滑至十年来新低水平。

第三，美国加大“能源独立”战略的实施力度，美国能源结构从依赖进口转向本土和西半球自给。

页岩气革命，是美国 2010 年至今在全球体系最具格局影响意义的变化，这不仅发生在能源领域，还给经济金融体系和国际关系体系带来了深远的影响。根据美国能源信息署（EIA）《2012 年能源展望》显示，美国 2010 年能源自给率为 78%，预计在 2035 年将达到 87%。实现“能源独立”对美国来说已不再是一种奢望。

页岩气大发展，降低了美国天然气价格，使得美国成为全球能源价格体系的“洼地”。同时天然气发电替代煤炭发电，还大幅降低了美国电力价格。页岩气革命使得美国的天然气价格在国际上具有无可比拟的低价优势，只相当于亚洲价格的 1/4 和欧洲价格的 1/3。天然气的低价又进一步推动煤炭、电力等美国能源价格的整体下降，赋予了美国很强的能源价格比较优势。当前，美国工业用电的平均价格约合人民币 0.4 元 / 千瓦时，而中国工业用电电价约为 0.9–1.0 元 / 千瓦时，美国还不足中国价格的 1/2。

能源独立还减少了美国能源贸易赤字，进而助力美国减少总体的经常账户赤字水平。

能源独立还在产生系统性的国际关系结果。能源独立降低了美国对中东等外部能源的依赖，这给美国的国际关系战略调整奠定了基础。也正是在这之后，美国启动了具有收缩含义的新军事战略，并启动了“军队撤出、外交官进入”的相对撤出中东战略。

第四，美国重新恢复实体经济制造业增长。

美国的制造业在近20年来不断出现空心化趋势。尤其是2000年之后，制造业产出占GDP比重和就业人数加速下滑。但是，这一趋势在2010年后出现了逆转，美国制造业的竞争力正在复苏，并且这一复苏的证据越来越多。美国制造业产出增加、投资加速、产能利用率上升、制造业就业人口回升等无不说明美国生产端复苏的事实。由于美国政府一系列的复兴制造业政策措施和美国能源独立带来的成本下降、生产效率的提高、劳动力成本的相对下降等多方面的原因，美国开始变成一个相对具有吸引力的制造国，美国制造每增加一分都会对原有的外部需求产生“进口替代”效应。在美国要素价格下降、国际运输成本上升、美国国内一系列制造业扶持政策等诸多因素的共同作用下，制造业企业“回巢”现象增加。

第五，美国外交和军事战略调整，从打赢两场战争到打赢一场战争的美国“新军事战略”。

自2009年以后，美国明显进入了战略收缩期。根据美国历史上的战略扩张与收缩的长周期规律，我们认为，美国的战略收缩期还将持续很长一段时间，至少持续到2020年。

这一轮美国的战略收缩集中反映在两个方面：第一，在国际和国内两条战线上，把精力从国际问题回收到国内问题，集中力量处理国内的财政、产业、能源及社会问题；第二，实施军事战略调整，缩减军队规模，撤出中东，并减少在欧洲的军事力量。

远期，这还体现了美国主观上部分放弃“世界警察”地位的战略思想。美国国家情报委员会（NIC）2012年底发表了题为《2030年全球大趋势》战略分析报告，其中有一个重要预测：最早在21世纪20年代，美国就将失去单极地位，与包括中国在内的其他强国并肩，世界上将没有任何霸权国家。这也表明，美国从无所不管的“世界警察”地位后撤出正在成为美国战略界的官方主流观点。

我们认为，2009年美国将军事方略调整为“打赢一场战争”、2010年发布《国家安全战略》以及2012年的新军事战略，是美国战略收缩的“三部曲”。

第六，美国全球地区战略调整，从中东相对撤出，战略重心东移，“重返亚太”，并确保西非和拉美的“环大西洋能源供应圈”。

美国在战略、军事、政治和经济等各个领域采取了一系列战略举措，调整其对各地区战略。包括：

相对撤出中东——在美国对中东的能源需求降低后，美国将会实施“相对撤出中东”的战略举措——虽然这种撤出是相对的，而且并非完全是因为“能源独立”，而是美国为了脱离阿富汗战争和伊拉克战争的既定战略。然而，美国“能源独立”还是会对其相对撤出中东起到一定的推动作用。在相对撤出后，美国可以容忍一个更加混乱的中东。

战略重返东亚——这是美国今后十年的战略主题，包括军事战略重心调整到西太平洋、政治外交上加大对东亚的投入力度、经贸投资领域推进TPP、加大对中国实施网络战等。

确保“环大西洋能源供应圈”——随着“能源独立”战略的展开，西非将成为大西洋供需圈的一部分、美国主要供应地之一，美国对西非将会持续投入，包括投入外交资源。不过，西非将不会成为美国能源供应必不缺少的一环，美国对西非的依赖将会较弱。因此，西非并不会成为美国能源外交的重点。与此同时，美国将重新增加对拉美的控制。

以上这些措施将为今后数年乃至更长时间的美国战略定下基调。

第七，美国贸易与投资战略调整，从全球的、普适的自由贸易，转向有选择的、高门槛的“规则贸易”。

在后冷战时期，美国奉行的是全球贸易自由主义，试图将自由市场推向全球。1995 年，时任美国总统克林顿宣布了四年一度的国家安全战略报告，标志着美国将推进全球化与自由贸易作为重要的对外战略。1995 年世界贸易组织（WTO）成立、2001 年中国加入 WTO 就体现了美国向全球推行自由贸易“普世价值”的战略意图。

美国本来的算盘是，通过自由贸易，主导全球经济，并且推广美国的价值观。然而，十几年来的实践并没有让美国达到全部设想。中国受惠于全球自由贸易，已经成为“世界工厂”，尽管期间我们也付出了巨大代价。从某种意义上说，中国是美国全球化、自由贸易战略的赢家。世界经济重心越来越转移到亚太地区。欧元区则在这十几年间从无到有，发展壮大，并挺过了欧债危机。与此同时，美国却经历了产业空心化，并受到金融危机的打击。这让美国有了“大权旁落”的心理落差。最新的统计显示，中国已经超过美国成为全球第一大贸易国，虽然按照以国别增加值为算法的新统计口径，中国距离美国仍有很大差距，然而，美国国内已经把应对中国在经济贸易上的崛起当作一个基本议题。

正因为如此，为了在后危机时代重塑美国对国际经济的“领导地位”，美国正在经历一个巨大的转向：从推动全球自由贸易转向推动规则贸易，用以美国标准设计出来的规则来达到扩大贸易、推动其影响力、推进其价值观的战略目标。为此，美国希望将其自身的规则作为新的国际贸易与投资规则的蓝本。而《跨太平洋伙伴关系协定》（TPP）就是其中重要的战略工具。另一个重要工具是《跨大西洋贸易与投资伙伴关系协定》（TTIP）。（注：2016年特朗普当选美国总统，对TPP与TTIP提出否定意见，从形式上美国也许不会刻意推动，但其宣称的通过惩罚性关税等措施实施有选择贸易规则的本质没有改变。）

此外，美国手里还将握有诸多王牌，包括重新谈判后的北美自由贸易协定（NAFTA）和诸多边服务贸易协定（PSA）等。这些都是美国建立新版外贸投资国际规则的工具。最终目标，是亲手结束美国长期主张的无差别的自由贸易，建立有选择的“规则贸易”。

以上所构成的“美国大转向”，正在对过去10年、过去20年全球化概念的全球货币经济金融格局产生系统性影响。

V、日本房地产泡沫

（来源：巴曙松.《房地产大周期的金融视角》，厦门大学出版社）

地价畸高是日本房地产泡沫最显著的表现。1986 年日本地价与物价指数之比为 2512，1990 年涨到 6812，短短三四年时间上涨了将近 3 倍。在最高峰时，日本土地价值约为当时美国地价总额的 4 倍多。日本房地产泡沫已经达到了一触即破的程度。

战后日本住宅建设以及日本经济自 20 世纪 60 年代中期以来的快速发展使人们相信在日本土地价格永远上涨的神话。在 1971—1979 年，东京、大阪和名古屋土地价格分别保持年均 9.1%、8% 和 7.8% 的增长速度。土地的稀缺性，加上房产消费的盲目性，产生了土地神话。土地只会升值不会贬值的逻辑在日本人的脑海里根深蒂固。到 1990 年，日本的房地产的总价值约为 20 万亿美元，大约是 1955 年的 75 倍，相当于当时全球股市总市值的 2 倍。1984 年到 1988 年，东京都宅基地的资产额由 149 万亿日元升至 529 万亿日元，增加 2.6 倍。东京都宅基地的资产增加额是同期日本 GDP 增加额（72 万亿）的 5.3 倍。从地价来看，1980—1990 年京都府、东京都和大阪府地价涨幅均在 4 倍以上，其中，东京都地价从 1980 年的 19.7 万日元 / 平方米上涨到 89.1 万日元 / 平方米，涨幅达 350%。在日本六大城市中，住宅、商业和工业用地的价格从1970年的6000美元/平方米，飙升到1991年的6.2万美元/平方米，涨幅达10倍之多，创下了前所未闻的纪录。1990年仅东京的地价总值就相当于当时整个美国地价总值。日本经济的高速发展使日本出现了地产投机风潮，日本人买下纽约最有代表性的建筑洛克菲勒中心和美国人最骄傲的产业好莱坞影片公司，尤其是日元大幅度升值使得日本人极其富有，大举向海外投资。泡沫程度的严重性可见一斑。随“国富民强”，大量新资金没有去处，只好集中和积聚在稀缺的土地上，造成土地和房屋的含金量越来越高，价格和泡沫与日俱增。

在所有有关房地产泡沫的记忆中，日本20世纪80年代后期开始的泡沫经济无疑是最为深刻的。这次历时数年的泡沫经济对日本政治、经济乃至社会生活都造成了深刻的影响，以至于整个90年代被称为“失去的十年”。

商业地价上涨传导至住宅用地：首先是商业用地价格上涨，然后是住宅用地价格上涨，其在泡沫之前，商业用地价格涨幅高于住宅用地。由于兴起在东京商业中心建写字楼的需要，引起东京商业用地价格急剧上升。从1986年到1987年，东京中心的商业地价率先大幅度上涨，随后这一上涨趋势蔓延到临近地区和其他大城市，同时也推动了东京住宅和工业用地价格的上涨。1986年日本全国地价平均上涨率为2.8%，住宅用地为2.2%，商业用地为4.1%，同年东京的各类用地地价的平均涨幅为41%，住宅用地上涨幅度为41.5%，商业用地涨幅为52%。1987年全国总用地地价的平均上涨率为85.7%，住宅用地为

102.5%，商业用地为 59.5%。到 1990 年地价上涨趋势趋于稳定，土地政策的实施使得地价出现回归。1995 年全国地价比 1994 年平均下跌 4%，住宅区下跌 2.6%，商业区下跌 9.8%。

价格波动剧烈、持续时间长：从房地产等资产价格波动的剧烈程度来看，日本 80 年代末以来的泡沫经济比同期其他发生房地产泡沫的国家都更为严重。以房地产价格为例，根据 OECD 发布的第 68 期《世界经济展望》的数据统计，日本泡沫经济时期以住宅地价为代表的真实房地产价格在 1985 ~ 1990 年间的五年里增幅（75%），仅次于西班牙 1987 ~ 1991 年的房地产价格增幅（120%），高于英国（60%）和瑞典等其他 OECD 国家的价格膨胀水平。而且其房地产价格的跌幅则是最大的（超过 40%，其他 OECD 国家最多只有 30%）。从房地产泡沫持续时间来看也是 OECD 国家中最长的。其中房地产泡沫膨胀期达 16 个季度之久，泡沫破裂后价格下跌持续期达 56 个季度（从 1991 年 1 季度—2005 年 1 季度）。2007 年底，六大城市土地价格仅相当于 1991 年高点的 27.7%；绝对价格也只相当于 25 年前，即 1982 年的水平。

VI、中国《国家创新驱动发展战略纲要》

（来源：新华社，2016年5月19日）

党的十八大提出实施创新驱动发展战略，强调科技创新是提高社会生产力和综合国力的战略支撑，必须摆在国家发展全局的核心位置。这是中央在新的发展阶段确立的立足全局、面向全球、聚焦关键、带动整体的国家重大发展战略。为加快实施这一战略，特制定本纲要。

一、战略背景

创新驱动就是创新成为引领发展的第一动力，科技创新与制度创新、管理创新、商业模式创新、业态创新和文化创新相结合，推动发展方式向依靠持续的知识积累、技术进步和劳动力素质提升转变，促进经济向形态更高级、分工更精细、结构更合理的阶段演进。

创新驱动是国家命运所系。国家力量的核心支撑是科技创新能力。创新强则国运昌，创新弱则国运殆。我国近代落后挨打的重要原因是与历次科技革命失之交臂，导致科技弱、国力弱。实现中华民族伟大复兴的中国梦，必须真正用好科学技术这个最高意义上的革命力量和有力杠杆。

创新驱动是世界大势所趋。全球新一轮科技革命、产业变革和军事变革加速演进，科学探索从微观到宏观各个尺度上向纵深拓展，以智能、绿色、泛在为特征的群体性技术革命将引发国际产业分工重大调整，颠覆性技术不断涌现，正在重塑世界竞争格局、改变国家力量对比，创新驱动成为许多国家谋求竞争优势的核心战略。我国既面临赶超跨越的难得历史机遇，也面临差距拉大的严峻挑战。唯有勇立世界科技创新潮头，才能赢得发展主动权，为人类文明进步做出更大贡献。

创新驱动是发展形势所迫。我国经济发展进入新常态，传统发展动力不断减弱，粗放型增长方式难以为继。必须依靠创新驱动打造发展新引擎，培育新的经济增长点，持续提升我国经济发展的质量和效益，开辟我国发展的新空间，实现经济保持中高速增长和产业迈向中高端水平“双目标”。

当前，我国创新驱动发展已具备发力加速的基础。经过多年努力，科技发展正在进入由量的增长向质的提升的跃升期，科研体系日益完备，人才队伍不断壮大，科学、技术、工程、产业的自主创新能力快速提升。经济转型升级、民生持续改善和国防现代化建设对创新提出了巨大需求。庞大的市场规模、完备的产业体系、多样化的消费需求与互联网时代创新效率的提升相结合，为创新提供了广阔空间。中国特色社会主义制度能够有效结合集中力量办大事和市场配置资源的优势，为实现创新驱动发展提供了根本保障。

同时也要看到，我国许多产业仍处于全球价值链的中低端，一些关键核心技术受制于人，发达国家在科学前沿和高技术领域仍然占据明显领先优势，我国支撑产业升级、引领未来发展的科学技术储备亟待加强。适应创新驱动的体制机制亟待建立健全，企业创新动力不足，创新体系整体效能不高，经济发展尚未真正转到依靠创新的轨道。科技人才队伍大而不强，领军人才和高技能人才缺乏，创新型企业家群体亟须发展壮大。激励创新的市场环境和社会氛围仍需进一步培育和优化。

在我国加快推进社会主义现代化、实现“两个一百年”奋斗目标和中华民族伟大复兴中国梦的关键阶段，必须始终坚持抓创新就是抓发展、谋创新就是谋未来，让创新成为国家意志和全社会的共同行动，走出一条从人才强、科技强到产业强、经济强、国家强的发展新路径，为我国未来十几年乃至更长时间创造一个新的增长周期。

二、战略要求

（一）指导思想

以邓小平理论、“三个代表”重要思想、科学发展观为指导，深入贯彻习近平总书记系列重要讲话精神，按照“四个全面”战略布局的要求，坚持走中国特色自主创新道路，解放思想、开放包容，把创新驱动发展作为国家的优先战略，以科技创新为核心带动全面创新，以体制机制改革激发创新活力，以高效率的创新体系支撑高水平的创新型国家建设，推动经济社会发展动力根本转换，为实现中华民族伟大复兴的中国梦提供强大动力。

（二）基本原则

紧扣发展。坚持问题导向，面向世界科技前沿、面向国家重大需求、面向国民经济主战场，明确我国创新发展的主攻方向，在关键领域尽快实现突破，力争形成更多竞争优势。

深化改革。坚持科技体制改革和经济社会领域改革同步发力，强化科技与经济对接，遵循社会主义市场经济规律和科技创新规律，破除一切制约创新的思想障碍和制度藩篱，构建支撑创新驱动发展的良好环境。

强化激励。坚持创新驱动实质是人才驱动，落实以人为本，尊重创新创造的价值，激发各类人才的积极性和创造性，加快汇聚一支规模宏大、结构合理、素质优良的创新型人才队伍。

扩大开放。坚持以全球视野谋划和推动创新，最大限度用好全球创新资源，全面提升我国在全球创新格局中的位势，力争成为若干重要领域的引领者和重要规则制定的参与者。

（三）战略目标

分三步走：

第一步，到 2020 年进入创新型国家行列，基本建成中国特色国家创新体系，有力支撑全面建成小康社会目标的实现。

——创新型经济格局初步形成。若干重点产业进入全球价值链中高端，成长起一批具有国际竞争力的创新型企业和产业集群。科技进步贡献率提高到60%以上，知识密集型服务业增加值占国内生产总值的20%。

——自主创新能力大幅提升。形成面向未来发展、迎接科技革命、促进产业变革的创新布局，突破制约经济社会发展和国家安全的一系列重大瓶颈问题，初步扭转关键核心技术长期受制于人的被动局面，在若干战略必争领域形成独特优势，为国家繁荣发展提供战略储备、拓展战略空间。研究与试验发展（R&D）经费支出占国内生产总值比重达到2.5%。

——创新体系协同高效。科技与经济融合更加顺畅，创新主体充满活力，创新链条有机衔接，创新治理更加科学，创新效率大幅提高。

——创新环境更加优化。激励创新的政策法规更加健全，知识产权保护更加严格，形成崇尚创新创业、勇于创新创业、激励创新创业的价值导向和文化氛围。

第二步，到2030年跻身创新型国家前列，发展驱动力实现根本转换，经济社会发展水平和国际竞争力大幅提升，为建成经济强国和共同富裕社会奠定坚实基础。

——主要产业进入全球价值链中高端。不断创造新技术和新产品、新模式和新业态、新需求和新市场，实现更可持续的发展、更高质量的就业、更高水平的收入、更高品质的生活。

——总体上扭转科技创新以跟踪为主的局面。在若干战略领域由并行走向领跑，形成引领全球学术发展的中国学派，产出对世界科技发展和人类文明进步有重要影响的原创成果。攻克制约国防科技的主要瓶颈问题。研究与试验发展（R&D）经费支出占国内生产总值比重达到 2.8%。

——国家创新体系更加完备。实现科技与经济深度融合、相互促进。

——创新文化氛围浓厚，法治保障有力，全社会形成创新活力竞相迸发、创新源泉不断涌流的生动局面。

第三步，到 2050 年建成世界科技创新强国，成为世界主要科学中心和创新高地，为我国建成富强民主文明和谐的社会主义现代化国家、实现中华民族伟大复兴的中国梦提供强大支撑。

——科技和人才成为国力强盛最重要的战略资源，创新成为政策制定和制度安排的核心因素。

——劳动生产率、社会生产力提高主要依靠科技进步和全面创新，经济发展质量高、能源资源消耗低、产业核心竞争力强。国防科技达到世界领先水平。

——拥有一批世界一流的科研机构、研究型大学和创新型企业，涌现出一批重大原创性科学成果和国际顶尖水平的科学大师，成为全球高端人才创新创业的重要聚集地。

——创新的制度环境、市场环境和文化环境更加优化，尊重知识、崇尚创新、保护产权、包容多元成为全社会的共同理念和价值导向。

三、战略部署

实现创新驱动是一个系统性的变革，要按照“坚持双轮驱动、构建一个体系、推动六大转变”进行布局，构建新的发展动力系统。

双轮驱动就是科技创新和体制机制创新两个轮子相互协调、持续发力。抓创新首先要抓科技创新，补短板首先要补科技创新的短板。科学发现对技术进步有决定性的引领作用，技术进步有力推动发现科学规律。要明确支撑发展的方向和重点，加强科学探索和技术攻关，形成持续创新的系统能力。体制机制创新要调整一切不适应创新驱动发展的生产关系，统筹推进科技、经济和政府治理等三方面体制机制改革，最大限度释放创新活力。

一个体系就是建设国家创新体系。要建设各类创新主体协同互动和创新要素顺畅流动、高效配置的生态系统，形成创新驱动发展的实践载体、制度安排和环境保障。明确企业、科研院所、高校、社会组织等各类创新主体功能定位，构建开放高效的创新网络，建设军民融合的国防科技协同创新平台；改进创新治理，进一步明确政府和市场分工，构建统筹配置创新资源的机制；完善激励创新的政策体系、保护创新的法律制度，构建鼓励创新的社会环境，激发全社会创新活力。

六大转变就是发展方式从以规模扩张为主导的粗放式增长向以质量效益为主导的可持续发展转变；发展要素从传统要素主导发展向

创新要素主导发展转变；产业分工从价值链中低端向价值链中高端转变；创新能力从“跟踪、并行、领跑”并存、“跟踪”为主向“并行”“领跑”为主转变；资源配置从以研发环节为主向产业链、创新链、资金链统筹配置转变；创新群体从以科技人员的小众为主向小众与大众创新创业互动转变。

Ⅶ、德国《工业4.0战略》

（来源：工信部）

德国制造业是世界最具竞争力的制造业之一，尤其是装备制造业在全球处于领先地位。这在很大程度上源于德国在创新性制造技术方面的研究、开发和生产，以及复杂工业过程管理的专业性。德国拥有强大的机器和设备制造业，在信息技术领域表现出很高的水平和能力，在嵌入式系统和自动化工程方面也颇有建树，这些因素共同奠定了德国在制造工程行业中的领军地位。因此，德国能以其得天独厚的优势开拓新型工业化的潜能：工业4.0。

前三次工业革命的发生，分别源于机械化、电力和信息技术。如今，将物联网及服务引入制造业正迎来第四次工业革命。不久的将来，企业能以CPS（Cyber-PhysicalSystems，信息物理系统）的形式建立全球网络，整合其机器、仓储系统和生产设施。在制造业领域，这些CPS包括能自主交换信息的智能机器、存储系统和生产设施，它们能独立运行和相互控制。这有利于从根本上改善工业过程，包括制造、工程、材料使用、供应链和生命周期管理。智能工厂现在似乎已开始采用一种全新的方式来生产产品。智能产品有唯一的特征被识别，在任何时候都能被定位，我们知道它的发展历程，了解它当前状况，以及实现其目标状态的方式。从通过出口物流下订单的那一刻起，纵向与工厂和公司业务流程联网，横向连接则可实时管理衍生价值体系，这二者共同构建了嵌入式制造系统。此外，这些指令都要求启用终端间工程（模式）流经整个价值链。

工业 4.0 拥有巨大的潜力。智能工厂让客户个性化的定制需求得以满足，这也意味着，即使产品只生产一次，也能通过颇具收益的方式制造出来。在工业 4.0 中，以供应商为例，动态业务和工程流程能帮他们根据生产需要最终做出相应改变，并灵活应对生产中断和故障。现在，制造过程中已经能够提供端到端的透明化，以促进决策优化。工业 4.0 将会开发出创造价值的新方法和新的商业模式。特别是它将给初创公司和小企业的发展带来机会，下游服务也能从中受益。

此外，工业 4.0 将正视和解决某些当今世界面临的挑战，如资源能源利用效率、城镇化、人口结构变化等。工业 4.0 能持续带来覆盖整个价值网络的资源生产率和效率的增益。它能将人口结构变化和社会因素考虑在内，以适合的方式组织生产。智能辅助系统让工人从单调、程序化的工作中解放出来，能把精力集中在创新和增值业务上。鉴于熟练工短缺的问题，工业 4.0 允许老工人延长职业生涯，从而长久地保持生产力。灵活的工作组织形式使工人们能够更好地整合自己的工作，私人生活和持续的职业生涯发展变得更有效率，在工作和生活之间找到了更好的平衡点。

制造工程领域的全球竞争变得愈加激烈，德国不是唯一一个认识到在制造业部署物联网及服务是大势所趋的国家。而且，并非只有亚洲的竞争对手对德国工业造成威胁，美国也在采取措施，通过推进“高端制造业”计划反对“去工业化”。

为了实现工业生产向工业 4.0 的转变，德国需要采取双重策略。德国装备制造业应寻求稳固在全球市场的领导地位，一如既往地把信息通信技术与其传统的高科技战略进行整合，使自己成为智能制造技术的主要供应商。与此同时，还有必要为 CPS 技术和产品创建新的领先市场，并为之服务。要实现上述 CPS 双重策略的目标，以下工业 4.0 的基本特征应该得到落实：

（1）通过价值网络实现横向集成

（2）工程端到端数字集成横跨整个价值链

（3）垂直集成和网络化的制造系统

迈向工业 4.0 之路，德国要在研发上投入巨大的精力。为实施双重策略，所进行的研究得实现“制造系统的横向、纵向集成”和“工程端到端的集成”。此外，出于对工业 4.0 系统的要求和着眼于 CPS 技术的持续发展，工作场所中新的社会基础设施应该得到更多关注。

若工业 4.0 得以成功实现，研发活动将需要与之适应的工业政策的支持。工业 4.0 工作组认为，需要在以下 8 个关键领域采取行动：

（1）标准化和参考架构：工业 4.0 会涉及联网，并通过价值网络集成几家不同的公司。如果开发出一揽子共同标准，这种合作伙伴关系将成为可能。由此，需要一个参考架构来描述这些标准，并促进它们的实现。

（2）复杂系统的管理：生产和制造系统正日益变得复杂，适当的计划和解释性模型能为管理这些复杂的系统打下基础。因此，工程师们应该备有开发出这些模型的方法和工具。

（3）一套综合的工业宽带基础设施：毋庸置疑，高质量的综合通网络是工业 4.0 的关键要求。无论是在德国国内，还是在德国与其他伙伴国之间，宽带网络基础设施也因此需要进一步大规模拓展。

（4）安全和安保：安全和安保对智能制造系统的成功至关重要。确保生产设施和产品本身对人或者环境不造成任何危险，这点非常重要。同时，生产设施和产品，尤其是它们所包含的数据和信息，都需要加以保护，防止被滥用和未经授权的访问。

（5）工作的组织和设计：在智能工厂，雇员的角色将发生引人注目的改变。越来越多的实时导向的控制，将改变工作内容、工作流程和工作环境。工作组织以一种社会 – 技术方法实现，将为员工提供承担重大责任和促进个人发展的机会。这一旦成为现实，部署合作的工作设计、终身学习的措施，以及启动参考模型课题将变得尤为重要。

（6）培训和持续的职业发展：工业 4.0 将从根本上改变人们的工作和专业能力。实施适当的培训策略并以培养学习的方式组织工作因此变得尤为必要，可借此实现终身学习和基于工作地点的个人发展。为达成这一目标，示范项目和“最佳实践网络”应该推广，数字化学习技术也应投入研究。

（7）监管框架：在工业 4.0 下建立新的制造流程和横向业务网络架构时，必须遵守法律；而现有法律也同样应在需要时，考虑到创新的影响进行调整。面临的挑战包括保护企业数据、责任问题、处理个人数据和贸易限制。这将不仅对立法，也对其他有商业性质的活动提出了要求——制度将作为一个涵盖面广泛的适用工具而存在，其内容包括指导方针、合同范本和公司集体协议，或者自我监管的举措如审计。

（8）资源效率：撇开成本高不说，仅制造业在原材料和能源上的大量消耗就给环境和安全供应带来诸多风险。工业 4.0 将带来资源生产力和效率的提高。对企业来说，权衡“需要投资在智能工厂中的额外资源”与“带来的潜在节约”之间的利弊非常必要。

通向工业 4.0，将是一个渐进的过程。为了适应制造工程的特殊需求，现有的基本技术和经验必须加以改变，还必须探索针对新地点和新市场的创新解决方案。如果成功，工业 4.0 将提升德国的全球竞争力，并保持其国内制造业继续发展。

Ⅷ、历史上的贸易战

（来源：顾峰，《时事报告大学生版》2012—2013 学年 02 期）

国际贸易的产生和发展，不仅加强了国家间的经济联系与合作，也加深了国家间的相互依赖，从而推动了全球化的进程。但不同国家由于经济发展水平和社会制度存在较大差异，各国从国际贸易中获得的实际利益很难均衡，因此，历史上贸易战争从不曾断过。

拖垮苏联的贸易战

二战结束后，美国推出“马歇尔计划”，意图通过经济援助来控制欧洲。为了反击“马歇尔计划”，苏联也推出“莫洛托夫计划”，与保加利亚、匈牙利、波兰等东欧国家签订一系列贸易协定。“马歇尔计划”最终只在西欧 16 国实施。

1949 年 1 月，苏联与东欧国家成立经济互助委员会，简称“经互会”。同年 11 月，美、英、法、意等 7 国成立“巴黎统筹委员会”（输出管制统筹委员会），简称“巴统”。这样，东西方两大集团的贸易战争正式有组织、大规模地展开。

到了 20 世纪 80 年代，东西方在经济方面差距越拉越大，东欧国家与苏联的矛盾也在加深。美国在暂时稳住美元霸权后，开始对苏联发动更加全面的贸易战。具体做法是，抓住每一次机会限制西方对苏联的技术出口，遏制并打击苏联可以换取外汇的经济领域。经过精心策划，美国把苏联的石油产业作为打击对象。美国发现，苏联经济的弱点在于它对石油出口的依赖很大，如果国际油价下降，苏联出口换汇能力就会下降，而外汇储备下降，主权风险就增加，西欧国家的银行在给苏联发放贷款时就会更加谨慎。于是，美国一方面说服沙特阿拉伯增加原油产量来降低国际油价，另一方面采取缩减本国需求和战略储备等举措进一步打压油价。美国还要求西欧及日本时刻做好准备，一旦油价上涨，就抛售战略石油储备，以打击石油投机，平抑油价。此外美国还实施了其他一些打击苏联经济的措施，包括利用“巴统”限制西欧对苏联的技术出口，利用经合组织等国际机构限制给苏联提供贷款，以及鼓励西欧国家利用各种替代能源，减少对苏联天然气的依赖，从而控制了苏联从西欧获取硬通货的途径。

在美国的强大攻势下，苏联的出口收入因国际油价下跌而大幅下降，美元贬值又进一步使其出口所得外汇缩水，经济陷入一片混乱，最终走向全面崩溃。

重创日本的贸易摩擦

20 世纪 80 年代，日本经济进入最为辉煌的时期。经过近 30 年的经济高速增长，日本成为世界第二大经济体，并在 80 年代中期成为最大债权国。

在出口导向经济战略引导下，日本连续10多年对美保持贸易顺差，并且数额逐年增加。1970年，日本出口贸易额为189亿美元，仅为美国的16%，16年后增至2108亿美元，基本与美国（2173亿美元）持平。1970年至1986年的16年间，日本出口规模扩大了10倍，而美国仅翻了一番。在此期间，日美之间贸易摩擦日趋尖锐，范围也逐步扩大。50年代摩擦的焦点是纺织品，60年代转而变为钢铁，70年代时，彩电成为摩擦的中心，80年代摩擦对象则是汽车，严重触及美国国内的支柱产业。以汽车生产为例：二战刚结束时，日本汽车年产量不足1.5万台，仅占同期美国汽车产量的0.2%。至1980年，日本汽车产量超过1000万台，超越美国成为世界第一大汽车生产国。当时美国汽车在日本市场仅占1%的份额，而日本汽车却在美国挤占了34%的市场。这一时期，日本对美出口势头呈现咄咄逼人之势，而美国国内经济出现衰退，经历了第二次石油危机的重创，还面临着财政赤字与贸易赤字的双重困扰，美国对日本的经济优势逐步丧失。

为了挽回局面，向来奉行自由贸易政策的美国政府开始实行贸易保护主义，逼迫日本签订自愿出口协议。在此基础上，美国提出希望通过美元贬值来增加其出口产品的竞争力，以改善美国国际收支不平衡状况，由此，美日签订了“广场协议”。“广场协议”给了世界一个明确信号——日元升值空间巨大。于是，国际游资大举进入日本，股市、楼市形成巨大泡沫，日本出口遭受重大打击。当1991年泡沫破灭后，日本经济开始长期处于低迷状态，其影响至今仍未消除。

旷日持久的香蕉贸易战

欧盟于1993年成立统一的内部市场，制定了一整套香蕉进口制度。美国认为欧盟的规定偏袒了与欧洲国家关系密切的一些非洲、加勒比和太平洋地区的香蕉生产国，因此向世贸组织起诉欧盟。自1996年美国同拉美一些香蕉生产国一道向世贸组织状告欧盟后，欧盟连输三场官司。在世贸组织做出欧盟违规的裁决后，尽管欧盟对其香蕉进口制度进行了调整，并于1998年10月公布了新的制度，但美国仍然认为其“歧视性色彩”严重，从而要求欧盟让步，否则美国将于1999年初对来自欧盟的商品征收100%的报复性关税，年制裁额约为5.2亿美元。这一数额，正是美国国内最大的三家水果公司奇迹达、都乐和戴尔蒙特所声称的，由于欧盟双重标准政策使其年均受损失的总额。

此后，欧美双方在世贸组织有关法律的基础上进行了多轮磋商，在平衡各方利益后，双方最终于2001年4月达成协议：欧盟于2001年7月1日起实行新的香蕉进口规定，在2006年之前取消进口许可证制度，自2006年1月1日起全面实行征税制度。美国则于2001年7月1日终止自1999年4月对欧盟产品实施的惩罚性关税措施。

在这场久拖不决的香蕉贸易争端中，由于欧盟的香蕉进口制度给拉美国家的出口造成困难，进而影响到这些国家的外汇收入。例如1998年1至10月，厄瓜多尔的香蕉出口收入比1997年同期减少了170亿美元，其收入仅相当于1993年前的25%。巴拿马在欧盟配额制度实行前，每年香蕉出口收入有210亿美元，在其出口的4000万箱香蕉中，有 81% 进入欧盟市场，而 1998 年其出口收入只有 120 亿美元。因此，导致双方将对抗心理转移至其他贸易。此后欧美之间发生的激素牛肉、转基因食品以及有关飞机噪音的规定等贸易摩擦，或多或少都与这一因素有关。

如果考量西方发达国家贸易发展的历史，就不难发现，发达国家主导的世界贸易史实际上是一部贸易保护史，其中贯穿着一个规律：每当发达国家经济不景气时，就实行贸易保护主义，而当经济繁荣时，它们又极力鼓吹贸易自由化。这样做，是为了确保国家利益最大化。

当中国加入 WTO，满怀希望地拥抱自由贸易之时，却遭到来自发达国家越来越多、花样翻新的贸易保护。1979 年至 2008 年，全球共有 38 个国家对我国发起过贸易救济调查，案件总数达 990 件，其中反倾销案件占 90%。截至 2011 年，中国已连续 17 年成为遭遇反倾销调查最多的世贸组织成员，连续 6 年成为遭遇反补贴调查最多的世贸组织成员。

当前，全球贸易保护主义暗流涌动，中国则成为国际贸易争端的靶心。作为贸易保护主义的最大受害者，我们今后可能会遇到更多的贸易摩擦和争端。在面对贸易战的时候，我们要敢于和善于在 WTO 法律框架下解决贸易争端。同时，要充分发挥中介组织的作用，增强企业主动采取措施避免贸易摩擦的意识，进一步发挥企业应对贸易摩擦的主体作用。

Ⅸ、俄罗斯经济大危机，委内瑞拉穷途末路印大钞！

（来源：搜狐财经）

国际油价长期低迷让普京勒紧了裤腰带。据消息透露，俄罗斯政府已经开始考虑在未来三年削减政府开支，根据议会起草的预算显示，开支削减幅度达 27%，涉及医疗、教育、国防多个领域。

多年来，俄罗斯并没有摆脱资源诅咒的泥沼，严重依赖原料出口。国际油价长期低迷，让俄罗斯经济苦不堪言。俄罗斯一半多的财政收入来自于原油出口，据分析预测，国际油价每下跌 1 美元，俄罗斯财政收入就会减少 700 亿卢布（1 卢布折合约 0.0157 美元），造成财政赤字急剧增加。

俄罗斯联邦预算执行报告显示，截至 2016 年 6 月 1 日，俄罗斯联邦财政收入 4.64 万亿卢布，支出 6.12 万亿卢布，赤字 1.48 万亿卢布。在国际石油平均价格 40 美元 / 桶情况下，俄联邦财政赤字占 GDP 的 3.3%。同时，由于近年卢布贬值促发的通胀率上升，给普通民众生活带来很大负担，随着俄政府削减开支，短期将加剧经济下行压力，普京也将承受更大政治风险。

通常情况下，税收和发债是政府填补财政赤字的重要手段。然而，俄罗斯经济正值疲软，如果加大税收将陡增企业负担，对经济发展造成更为不利影响。因此，俄罗斯只能通过发债缓解财政压力。俄财政部最新数据显示，今年俄罗斯预算法中内债达到了8020亿卢布，持续攀升的债务，以及政府的偿还能力，成为长期困扰普京的难题。

在很多人看来，鉴于普京的强势地位，为何不印钞偿债？首先，俄罗斯产业结构单一，对外依附性非常高，如果选择开动印钞机，国内需求将直接转化为贸易赤字，促发卢布剧烈贬值。况且，没有不透风的墙，通过无锚印钞填补财政赤字，必然引发强烈贬值预期，从而掀起一轮购汇和囤积浪潮，那样一来，俄经济将深陷恶性通胀当中，这是普京所承受不起的。因此，在经济规律面前，即使强势政府也必须坚守底线，否则将摧毁货币体系，诱发社会动荡。

俄总统普京愁眉不展，同样作为被石油诅咒的国家：委内瑞拉更是掩面哭泣。受油价低迷、资本外流、汇率贬值影响，2015年委内瑞拉通胀率达到120%左右，今年，IMF预测将达到480%以上，而2017年则会达到1624%，可用惊悚二字来形容。

2016年5月13日，该国政府宣布，委内瑞拉进入为期60天的经济紧急状态，民众需排队领取和购买食物，截至目前，这种紧急状态并无缓解，而且愈演愈烈。据美国CNN不久前报道，该国部分监狱的药品和食物正在快速耗尽，有些监狱甚至出现断粮危险，囚犯们被饿得骨瘦如柴，不得不通过自制视频，祈求外界援助，以免被饿死。

一般普通民众也面临生活用品空前短缺，甚至洗澡和用电都成为一种奢侈，随着货币急剧贬值，人们已经无法靠面值计价，而是用纸币的重量衡量物品价值。为应对剧烈贬值，政府计划祭出杀手锏：印大钞！最高面值将达到 20000 委内瑞拉银币，而目前货币最高面值仅为 100 委内瑞拉银币。在黑市上，100 银币仅能换 8 美分，未来 20000 银币可兑换 15 美元。

委内瑞拉前总统查韦斯上台后，推行大规模国有化运动，石油体系国有化、农产品企业国有化、水泥行业国有化、电信公司国有化，成百上千万农田被没收，这种通过利益收买的方式，虽获得普通民众和政治亲信支持，却摧毁了该国经济发展的根基。在私有财产受到侵犯，人身安全随时可能受到威胁，左派运动一浪高过一浪的环境下，又有哪个企业家从事生产呢?

如果国际油价持续低迷，委内瑞拉经济复苏无望，国内通胀率将愈演愈烈，或将沦为拉美最为悲惨的国家，至于俄罗斯，也将面临长期财政和债务压力，随着美联储加息，以及全球金融动荡，不乏重新陷入汇率危机的可能。

高盛最新报告分析称，尽管上周末欧佩克成员国在维也纳进行磋商，但实现产能配额缺乏进展，产油国之间分歧日益严重，这暗示着 11 月 30 日达成减产协议的可能性下降。中短期内国际油价不容乐观，有跌破 40 美元 / 桶的可能。

并且，由于创新和生产流程优化，美页岩油厂商生产成本大幅下降，45 美元的价格水平就已经开始让他们复产。这也会让本已供应过剩的市场进一步面临压力，从而限制油价的涨幅。

X、亚洲金融危机

（来源：百度百科）

自1997年7月起，爆发了一场始于泰国、后迅速扩散到整个东南亚并波及世界的东南亚金融危机，使许多东南亚国家和地区的汇市、股市轮番暴跌，金融系统乃至整个社会经济受到严重创伤，1997年7月至1998年1月仅半年时间，东南亚绝大多数国家和地区的货币贬值幅度高达30%~50%，最高的印尼盾贬值达70%以上。同期。这些国家和地区的股市跌幅达30%~60%。据估算、在这次金融危机中，仅汇市、股市下跌给东南亚国家和地区造成的经济损失就达1000亿美元以上。受汇市、股市暴跌影响，这些国家和地区出现了严重的经济衰退。

亚洲金融危机的原因一般认为有三点：第一，亚洲国家的经济形态导致。新、马、太、日、韩等国都为外向型经济的国家。他们对世界市场的依附很大。亚洲经济的动摇难免会出现牵一发而动全身的状况。以泰国为例，泰铢在国际市场上是否要买卖不由政府来主宰，而他本身并没有足够的外汇储备量，面对金融家的炒作，该国经济不堪一击。而经济决定政治，所以，泰国政局也就动荡了。第二，美国经济利益和政策的影响。70年代，东南亚一些国家的经济迅猛发展。1991年苏联解体后，美国东南亚政策发生改变，不允许亚洲经济继续如此发展，开始收回经济损失。第三，乔治·索罗斯个人及一个支持他的资本主义集团的因素：索罗斯对泰铢的炒作是亚洲金融风暴的导火线。他是一个绝对有实力，有能力的金融家，通过玩弄亚洲国家政权，获得了巨额资本利润。

后 记

收卷之后，心绪难宁，思绪万千。经济理论来源于人的社会实践，又引领服务于社会实践。今天的中国，历经三十多年的快速发展，取得的文明成就举世瞩目，但同时也积累了一系列纷繁复杂的社会经济问题。“三农问题”“制造业发展困境”“教育、医疗改革”“房地产泡沫”“人才、资金外流”“环境污染”等等，这些关系国计民生，关系每个人切身利益的问题就像京城上空飘荡的雾霾一样困扰着经济可持续发展。医病要寻根，治病要治本。战略经济思想以目标为导向，在复杂的环境与曲折的过程中判断是非，决定取舍，为走出困境提供系统性方案，期冀经济健康地发展。